Österreich 1938

Tibor Zenker

Österreich 1938

Hintergründe, Vorgeschichte und Folgen
des „Anschlusses“

Spinning Scripts

Der Drehbuchverlag
Wien

Mit freundlicher Unterstützung von:

www.kominform.at – Linke Informationsplattform

Neue Volksstimme – Kommunistische Zeitung

Kommunistische Initiative – www.kommunisten.at

Originalausgabe
Frühjahr 2008

Umschlaggestaltung: Olivier Milrad
Herstellung: Books on Demand GmbH, Norderstedt
Printed in Germany
ISBN 10: 3-902471-81-6
ISBN 13: 978-3-902471-81-9
www.drehbuchverlag.com

Inhaltsverzeichnis

Der direkte Weg

Der im März und April 1938 vollzogene „Anschluss" Österreichs an das Deutsche Reich markierte einerseits die Ersetzung des einen faschistischen, des austrofaschistischen Regimes durch ein anderes faschistisches, das nationalsozialistische. Gleichzeitig handelte es sich hierbei um den Beginn der deutschen Fremdherrschaft in Österreich, denn völkerrechtlich bedeutete der „Anschluss" die durchaus einseitige Annexion Österreichs durch Deutschland, die durch die inszenierte „Volksabstimmung" nicht legitimiert wurde. Dennoch weist die deutsch-faschistische Fremdherrschaft durch die zunächst gegebene gleichzeitige partielle Machtübernahme österreichischer Nationalsozialisten eine Besonderheit auf, die bei imperialistischen Annexionen üblicherweise nicht derart zu beobachten ist. Dies hat spezielle Gründe und Hintergründe, wie noch zu zeigen sein wird.

Man könnte in Richtung des Jahres 1938 die Jahre 1918, 1927, 1933 und 1934 als folgerichtige Schritte benennen. Im Jahre 1918, als die österreichische Arbeiterklasse durch den imperialistischen Krieg und durch das Beispiel der russischen Oktoberrevolution 1917 durch und durch revolutioniert war, war es die Führung der österreichischen Sozialdemokratie, die ja bereits 1914 den Krieg befürwortet hatte, die nun die Revolution im bürgerlichen Rahmen hielt und die Massen vor der sozialistischen Revolution zurückhielt. Dies wäre damals keiner bürgerlichen Partei mehr möglich gewesen. So ist es das „Verdienst" der objektiv konterrevolutionären Sozialdemokratie, die österreichische Bourgeoisie vor dem Sozialismus gerettet und gewährleistet zu haben, dass Österreich weiter einen kapitalistischen Entwicklungsweg nahm. Auch in den folgenden Jahren blieb die Sozialdemokratie bei ihrer fatalen reformistischen Ausrichtung und ihrer opportunistischen Politik, die mit ein wenig revolutionärer Rhetorik aufgepeppt wurden, um die Arbeiterklasse zu betrügen und sie vor einer revolutionären Neuorganisierung abzuhalten.

Mit Hilfe der Sozialdemokratie einmal wieder auf die Beine und aus der Defensive gekommen, gingen das österreichische Großkapital und der Großgrundbesitz bald wieder zur Offensive über. Der „revolutionäre Schutt" der Jahre 1918 bis 1920 und auch die Errungenschaften im „Roten Wien" sollten beseitigt werden. Über die blutige Niederschlagung der Julirevolte 1927, diverse andere Provokationen und Angriffe der Christlichsozialen und der faschistischen Heimwehrbewegung gegenüber den Arbeiterorganisationen und bis zum Korneuburger Eid der Heimwehrbewegung 1930 ist eine Linie markiert, die nirgends anders hinführen konnte als zum Ende der Demokratie 1933/1934.

Der fortschreitende Faschisierungsprozess in Österreich wurde manifest, als 1933 der Nationalrat ausgeschaltet wurde; auch wurde schon in diesem Jahr die KPÖ durch die „christlichsoziale“ Regierung Dollfuß verboten, nachdem der Kommunistische Jugendverband bereits 1931 verboten worden war. Die Defensivstrategie der Sozialdemokratie, die eigentlich vielmehr eine „Strategie“ des ständigen Zurückweichens und der permanenten Kapitulation war, hatte diese Entwicklung begünstigt, ebenso folgerichtig kam die Niederlage im kurzen österreichischen Bürgerkrieg im Februar 1934.

Als sich am 12. Februar 1934 revolutionäre Teile der Basis des sozialdemokratischen Republikanischen Schutzbundes gegen die Faschisierung zur Wehr setzten und hierbei von den bereits illegalisierten Kommunisten unterstützt wurden, war die Niederlage durch die vorangegangene Politik der Sozialdemokratie, aber auch durch ein verfehltes Organisationsverständnis des Schutzbundes sowie dessen falsche Strategie, mangelhafte bis fehlende Bewaffnung und nicht zuletzt durch offenen Verrat einiger sozialdemokratischer Führer bereits vorprogrammiert. Es folgten vier Jahre der austrofaschistischen Diktatur.

In diesem Sinne führt ein direkter Weg von 1918 ins Jahr 1934. Er ist markiert durch die Fehler und den Verrat der Führung der Sozialdemokratie an der Arbeiterklasse. Der parlamentarische, „demokratische Weg“ der Sozialdemokratie zum Sozialismus, wie ihn der „Austromarxismus“ vorgab, konnte nicht nur niemals zum Sozialismus führen, sondern er musste geradezu zwangsläufig den Sieg des Faschismus begünstigen.

Doch so sehr die Sozialdemokratie eine Verantwortung trägt, so liegt die Schuld für die Tragödie von 1938 bei den Bürgerlichen, bei den „Christlichsozialen“. Denn natürlich waren es sie – und nur sie –, die 1933 den Parlamentarismus beseitigten und 1934 jegliche Demokratie. Das Ende der Demokratie und die Errichtung der faschistischen Diktatur in Österreich im Februar 1934 tragen bereits die Vorbedingungen für das Ende Österreichs in sich, das im März 1938 folgte.

Die innerfaschistische Auseinandersetzung zwischen Austrofaschisten und Nationalsozialisten wurde, unter kontinuierlicher Preisgabe jedes ernsthaften Verteidigungswillens seitens des Austrofaschismus, gemäß imperialistischer Logik zugunsten des Stärkeren entschieden, d.h. zugunsten des deutschen Faschismus, wenngleich auch die österreichischen Nationalsozialisten ihren Anteil daran hatten.

Auch in dieser Hinsicht gibt es einen direkten Weg, der vom Februar 1934 zum März 1938 führt. Diesen Weg markierten das profaschistische österreichische Großkapital und der Großgrundbesitz sowie ihre Organisationen wie die Christlichsoziale Partei, die Heimwehr und später die Vaterländische Front. 1938 wurde in Österreich ein faschistisches Regime beseitigt und durch ein anderes faschistisches Regime ersetzt. Gänzlich andere Voraussetzung hätte es 1938 für deutsche Annexionsbestrebungen gegeben, wäre es damals um den Erhalt der demokratischen österreichischen Republik gegangen. Doch es zeigte sich eben auch 1934, dass die Demokratie dem Großkapital immer nur aufgezwungen und nur so stark ist, wie diejenigen Kräfte, die bedingungslos dazu bereit sind, sie zu verteidigen.

Es waren bereits 1933/34 bis 1938 und noch mehr danach vor allem die österreichischen Kommunisten, die genau dazu bereit waren, unterstützt von aufrechten Sozialdemokraten und ehrlichen christlichen Demokraten. Die demokratischen Kräfte waren 1934 und 1938 offenkundig zu schwach entwickelt, als dass die Tragödie von 1938 und der darauf folgende Zweite Weltkrieg 1939 bis 1945 zu verhindern waren.

Für die Kommunisten und linken Sozialisten der Gegenwart ist aus den Jahren der beiden faschistischen Diktaturen in Österreich und deren Vorgeschichte vor allem eines zu lernen: Ohne Verteidigung der demokratischen und nationalen Souveränität Österreichs ist auch jeder Kampf um den Sozialismus hinfällig, ja dieser Kampf beginnt geradezu mit dem Kampf um demokratische und nationale Selbstbestimmung. Nur auf dieser Grundlage ergibt sich eine Strategie, die den direkten Weg zur sozialistischen Revolution und zum Sozialismus in Österreichs Farben ermöglicht – ohne ultralinke, vermeintliche Abkürzungen, ohne reformistische Sackgassen.

Zum Charakter des Faschismus

Georgi Dimitroff charakterisierte den Faschismus 1935 im Sinne einer besonderen bürgerlichen Herrschaftsform als *„die offene terroristische Diktatur der reaktionärsten, der am meisten chauvinistischen, am meisten imperialistischen Elemente des Finanzkapitals.*“[1] Damit ist in wenigen Worten bereits recht viel über Ursache, Herkunft, Funktion und Zielsetzung des Faschismus gesagt, daher an dieser Stelle nur eine kurze Rekapitulation.

Der spezifische Klassencharakter des Faschismus ist ein finanzkapitalistischer, d.h. er markiert die Herrschaft der Monopolbourgeoisie oder der Finanzoligarchie (genauer: der aggressivsten Teile derselben), womit seine historische Verortung gleichzeitig am monopolkapitalistischen Stadium des Kapitalismus, am Imperialismus[2] festgemacht ist. Palmiro Togliatti stellte die Behauptung auf: *„Man kann nicht das Wesen des Faschismus bestimmen, wenn man nicht den Imperialismus kennt.*“[3] Dies ist deshalb von Bedeutung, weil der Faschismus als äußerste Konsequenz imperialistischer Barbarei nicht nur auf dem Boden des Imperialismus entsteht, sondern auch das ureigenste Produkt desselben ist. Der Drang des Monopolkapitals nach Reaktion und Gewalt sowie nach unbeschränkter politischer Alleinherrschaft entspringt dem ökonomischen Zwang, Monopolprofite zu erlangen. Das ist die ökonomische Grundlage des Faschismus. Doch faschistische Form nimmt dieser Drang erst mit dem Eintritt des Kapitalismus ins Stadium seiner allgemeinen Krise an, d.h. mit dem Ersten Weltkrieg und verstärkt durch dessen Folgen.[4]

Was ist weiters über die Charakteristik des Faschismus zu sagen, wenn wir die oben zitierten Worte Dimitroffs auffächern?[5] – Der Faschismus ist die offene Diktatur im Gegensatz zur verdeckten des bürgerlich-demokratischen Parlamentarismus; er ist Terrorherrschaft im Gegensatz zum bürgerlichen Rechtsstaat; die Ausrichtung der

---

[1] Dimitroff, Georgi: Die Offensive des Faschismus und die Aufgaben der Kommunistischen Internationale im Kampf für die Einheit der Arbeiterklasse gegen den Faschismus. In: Ausgewählte Werke, Frankfurt/M. 1972, Bd. 2, S. 105

[2] vgl. Lenin, W. I.: Der Imperialismus als höchstes Stadium des Kapitalismus. In: Lenin-Werke, Bd. 22, S. 189-309

[3] Togliatti, Palmiro: Lektionen über den Faschismus. Frankfurt/M. 1972, S. 9

[4] vgl. Gossweiler, Kurt: Über Ursprünge und Spielarten des Faschismus. In: Aufsätze zum Faschismus, Köln 1988, Bd. II, S. 579ff.

[5] vgl. Zenker, Tibor: Was ist Faschismus? Wien 2006

faschistischen Diktatur ist besonders reaktionär, d.h. nicht nur antiliberal, sondern vor allem konsequent und möglichst eliminatorisch antisozialistisch und antikommunistisch, eben auch antizipiert konterrevolutionär; der Faschismus stützt sich zumeist auf einen überaus chauvinistischen Nationalismus, im Inneren wie nach außen; zuletzt bedeutet der Faschismus eine aggressive Außenpolitik, nicht nur diplomatischer, sondern vor allem ökonomischer und auch militärischer Natur, wobei dies in seiner Intensität immer nach Maßgabe der regionalen und globalen Stärke des betreffenden Staates zum Ausdruck kommt.

Nur besteht kein Zweifel am faschistischen Charakter der NS-Diktatur, d.h. „Hitler-Deutschlands" – im Gegenteil, der deutsche Faschismus gilt gemeinhin (und durchaus berechtigt) als klassisches Beispiel des Faschismus. „Klassisch" bedeutet jedoch nicht, dass im Rahmen einer Faschismusbestimmung jedes Diktaturregime an der Intensität und den speziellen Ausprägungen des NS-Faschismus zu messen ist, sondern nur, dass im deutschen Fall alle Aspekte des Faschismus in besonders deutlicher, extremer und „reiner" Form zutage getreten sind. Die Bestimmung eines Regimes als faschistisch kann also gerade nicht mit der deutschen Schablone vorgenommen werden, was für uns von wesentlicher Bedeutung ist.

Denn in Österreich war und ist umstritten, ob bezüglich des Dollfuß- und Schuschnigg-Regimes von 1934 bis 1938 überhaupt von einer faschistischen Diktatur gesprochen werden soll, ob es sich nicht „nur" um ein „autoritäres Regime" gehandelt hätte oder um ein Art „Halbfaschismus" (Otto Bauer). Insofern wird der Terminus „Austrofaschismus" bezüglich seiner inhaltlichen Richtigkeit generell in Zweifel gezogen – und dies durchaus in vermeintlichen „Standardwerken" zum Thema[6] sowie auch von prominenten sozialdemokratischen Historikern. Dies kann zweierlei Gründe haben: Einerseits, im „gut gemeinten" Fall, werden angeblich fehlende Merkmale, wie z.B. die fehlende Massenbasis des Austrofaschismus, angeführt, die jedoch keineswegs konstituierende Merkmale des Faschismus sind – so sieht z.B. Reinhard Kühnl, durchaus ein linker Faschismusforscher, dem selbstverständlich keinerlei Beschönigungsintention bezüglich des Ständestaatregimes zu unterstellen ist,

[6] vgl. Holtmann, Everhard: Zwischen Unterdrückung und Befriedung – Sozialistische Arbeiterbewegung und autoritäres Regime in Österreich 1833-1938. Wien 1978

Österreich 1934-1938 lediglich als „Grenzerscheinung des Faschismus".[7] Andererseits – und dies ist die schäbige Variante – hat man es mit (bürgerlichen und auch sozialdemokratischen) Vertretern der antikommunistischen Totalitarismus-Doktrin zu tun, die einerseits den Kapitalismus von jeder Verantwortung für den Faschismus freisprechen und zugleich den Sozialismus pauschal diskreditieren möchten.[8]

Keine Überraschung ist es jedenfalls, wenn in Österreich konservative bürgerliche Kreise den faschistischen Charakter des „Ständestaates" in Abrede stellen möchten, denn es war ja die unmittelbare Vorläuferorganisation der heutigen ÖVP, die Christlichsoziale Partei (CSP), die mithilfe der zur paramilitärischen Vorfeldorganisation degradierten Heimwehrbewegung das fragliche Diktaturregime errichtet hat, wobei die personellen Kontinuitäten bezüglich CSP, Heimwehr, der austrofaschistischen Einheitspartei „Vaterländische Front" und ÖVP eben allzu evident sind.

Durchaus bemerkenswert ist jedoch, dass man sich mitunter auch in der Sozialdemokratie um die Reinwaschung des „Ständestaates" vom „Faschismusvorwurf" bemühte und bemüht. Berechtigt wurde Otto Bauer, Chefideologe des so genannten „Austromarxismus" der österreichischen Sozialdemokratie, bezüglich seiner Faschismusauffassung bereits in den 1920er Jahren von Clara Zetkin[9] und in den 30er Jahren von Dimitroff scharf kritisiert. Dennoch ist Bauer zuzugestehen, dass er sich in seinen letzten Lebensjahren im Exil, nach der Niederlage der österreichischen Sozialdemokratie, „nach links" entwickelt und der marxistisch-leninistischen Faschismustheorie durchaus angenähert hat. 1936 erkennt Bauer den Faschismus als *„schrankenlose Diktatur des Großkapitals und des Großgrundbesitzes"* und definiert auch den Austrofaschismus in diesem Sinne, während er aber auf dessen Eigenheiten, insbesondere bezüglich seiner Entstehung und Machtmechanismen, hinweist.[10]

---

[7] vgl. Kühnl, Reinhard: Faschismustheorien. Reinbek bei Hamburg 1979, S. 241-252

[8] vgl. Gossweiler, Kurt: Die bürgerliche Faschismustheorie und Faschismusforschung in der Krise. In: Aufsätze zum Faschismus, Köln 1988, Bd. II, S.369-413

[9] vgl. Zetkin, Clara: Der Kampf gegen den Faschismus. In: Protokoll der Konferenz der Erweiterten Exekutive der Kommunistischen Internationale, Moskau, 12.-23. Juni 1923, Hamburg 1923, S. 204-232

[10] Bauer, Otto: Der Faschismus. In: Kliem, Kurt u.a. (Hg.): Faschismus und Kapitalismus, Wien 1967, S. 143-167

Tatsächlich ist es so, dass das austrofaschistische Regime im Rahmen einer Typologie des Faschismus nicht leicht einzuordnen ist und gravierende Besonderheiten aufweist. „*Das österreichische Ständestaatsregime*", schreibt Kurt Gossweiler, „*hat sich nach dem Februar 1934 und der Maiverfassung als die österreichische Ausprägung einer faschistischen Diktatur entfaltet. Damit ist zugleich gesagt, dass sie trotz vielfacher Ähnlichkeiten keine Kopie irgendeines anderen faschistischen Regimes war, weder in ökonomischer noch in politischer oder ideologischer Hinsicht. Die Besonderheiten der Existenzbedingungen des österreichischen Kapitalismus – vor allem die Spaltung der Monopolbourgeoisie und dementsprechend auch des Faschismus in ein großdeutsches und ein österreichisches Lager, die Abhängigkeit des kleinen Landes von den europäischen Großmächten und auch von seinen unmittelbaren Nachbarn – um nur diese Faktoren zu nennen –, mussten dem Austrofaschismus ihren Stempel aufdrücken.*"[11]

So nimmt der Austrofaschismus eine Zwischenstellung ein zwischen den beiden Haupttypen der faschistischen Diktatur, nämlich zwischen der totalitär-faschistischen Diktatur („Massenparteifaschismus"; Hitler-Deutschland, Mussolini-Italien) und der autoritär-faschistischen Diktatur („Militärfaschismus", Horthy-Ungarn, Pinochet-Chile). Der Austrofaschismus weist Elemente beider Varianten sowie ganz eigentümliche Besonderheiten auf.

Der faschistische Charakter der Dollfuß- und Schuschnigg-Diktatur ist dadurch jedoch nicht in Frage gestellt. Im Sinne der Dimitroff-Definition war diese durchaus die offene, terroristische Diktatur der reaktionärsten, chauvinistischsten und aggressivsten Kräfte des österreichischen Großkapitals und Großgrundbesitzes.

---

[11] Gossweiler, Kurt: Faschistische Bewegungen und faschistische Diktatur in Österreich. In: Aufsätze zum Faschismus, Köln 1988, Bd. II, S. 679

Konkurrenzfaschismen in Österreich

Eine im Hinblick auf die Ereignisse im März 1938 und somit auf das Ende des Schuschnigg-Regimes besonders relevante Eigenheit Österreichs spricht Gossweiler oben an: die Spaltung der österreichischen Großbourgeoisie und des Großgrundbesitzes. Diese Spaltung bedeutete jedoch nicht etwa einen demokratischen und einen faschistischen Flügel, sondern zwei faschistische Flügel, die nebeneinander verschiedene Konzepte verfolgten und in Konkurrenz zueinander standen.

Auf der einen Seite waren die austrofaschistischen Kräfte, repräsentiert durch die reaktionärsten Führer der CSP und die Mehrheit der Heimwehrbewegung, bemüht, die staatliche Eigenständigkeit Österreichs zu bewahren, wofür auch ein Bündnis mit dem italienischen Faschismus opportun erschien. Auf der anderen Seite orientierte sich der konsequent großdeutsch eingestellte Flügel am deutschen Nationalsozialismus. In genau diesem Sinne schreibt Gossweiler über Österreich: „*Das konkurrierende Nebeneinander einer großdeutsch-faschistischen und einer austrofaschistischen Bewegung war die unvermeidliche Konsequenz der Spaltung der herrschenden Klasse Österreichs in einen großdeutschen und einen auf die Erhaltung der Souveränität Österreichs als zweitem deutschen Staat bedachten Flügel.*“[12]

Diese Spaltung begann, wie Ernst Fischer schreibt, sich bereits in den letzten Jahrzehnten der Habsburgermonarchie herauszubilden: „*Während ein großer Teil der österreichischen Bourgeoisie sich lediglich auf ein Bündnis mit dem deutschen Imperialismus orientierte bei Wahrung der eigenen imperialistischen Interessen, verzweifelte ein kleinerer Teil an den Möglichkeiten des nicht sehr stoßkräftigen österreichischen Imperialismus und sah sein Heil in der Verschmelzung mit der robusten deutschen Finanz- und Militärmacht.*“[13]

Nach der Niederlage im Ersten Weltkrieg, natürlich an der Seite Deutschlands, war die Position der österreichischen Bourgeoisie weiter geschwächt, ihre quasi-kolonialen Gebiete im Osten und Süd-

---

[12] Gossweiler, Kurt: Faschistische Bewegungen und faschistische Diktatur in Österreich. In: Aufsätze zum Faschismus, Köln 1988, Bd. II, S. 671

[13] Fischer, Ernst: Österreich 1848. Wien 1946, S. 184

osten wurden von Österreich abgetrennt. Im Inneren ist es nur der gegenrevolutionären österreichischen Sozialdemokratie zu verdanken, dass die Bourgeoisie vor der proletarischen Revolution gerettet werden konnte.[14] Aber auch nach außen waren die Möglichkeiten der österreichischen Bourgeoisie in den 1920er und 30er Jahren beschränkt. Winfried Garscha und Hans Hautmann schreiben: „*Ihre Schwäche ließ die österreichische Bourgeoisie nach Verbündeten Ausschau halten. Während sich die Schwerindustrie eher an den deutschen Imperialismus anlehnte – der größte Konzern, die ‚Alpine Montangesellschaft', ging nach einem kurzen italienischen Zwischenspiel Mitte der zwanziger Jahre in die Hände der deutschen Vereinigten Stahlwerke über –, orientierte sich das Bankkapital am britisch-französischen Imperialismus ... Die Großagrarier sahen – besonders nach Ausbruch der Weltwirtschaftskrise – im italienischen Faschismus ihren Verbündeten.*“[15]

Der konsequent großdeutsche (und später folgerichtig nationalsozialistische) Flügel der österreichischen Bourgeoisie war bereits in der Habsburger-Monarchie in der Minderheit. Dies galt in den 1920er und 1930er Jahren ebenso, wie oben zu sehen. Auf der politischen Ebene bedeutete dies die Minderheitsposition zunächst für die Großdeutsche Volkspartei gegenüber der Christlichsozialen Partei, sodann für die österreichischen Nationalsozialisten gegenüber den Austrofaschisten.

Im Rahmen dieser beiden Konkurrenzfaschismen bildete sich 1926 auf Basis der älteren DNSAP die österreichische Filiale der deutschen NSDAP, die für die Bildung eines faschistischen Großdeutschlands eintrat. Die Spaltung in einen NS-faschistischen Flügel und einen austrofaschistischen ging jedoch auch direkt durch die Heimwehrbewegung, denn die steirische Heimwehr war nicht bereit, die Orientierung auf einen selbständigen Austrofaschismus zu unterstützen. Ein wichtiger Hintergrund war, wie oben bei Garscha und Hautmann angesprochen, an der Stahlindustrie, namentlich an der Alpinen Montan AG, festzumachen, die in der Steiermark das Sagen hatte und hauptsächlich über deutsche Großaktionäre verfügte.

---

[14] vgl. Zenker, Tibor: Die kommunistische Bewegung in Österreich. In: offen-siv (Hg.): Niederlagenanalyse, Hannover 2007, S. 324ff.

[15] Garscha, Winfried/Hautmann, Hans: Februar 1934 in Österreich. Berlin 1984, S. 14f.

Johann Koplenig, damals Vorsitzender der KPÖ, stellte bereits im September 1934 fest: „*Die Besonderheit und gleichzeitig besondere Schwäche des österreichischen Faschismus ist die Tatsache der nationalsozialistischen Konkurrenz, die im Dienste Hitler-Deutschlands die nationale Frage gegen den Heimwehrfaschismus ausnützt ... In Österreich hat der Versuch des Heimwehrfaschismus, unter dem Vorwand der Verteidigung der Unabhängigkeit Österreichs eine spezifisch österreichisch-faschistische Ideologie in den Volksmassen zu errichten, die Gegensätze zwischen den zwei faschistischen Lagern erst recht vertieft und aufgerissen. Diese Gegensätze haben sich in den Julitagen [1934] bis zum bewaffneten offenen Putsch der Nazis gesteigert und sind auch durch die Niederlage der Nazis nicht verschwunden. Sie können jeden Moment wieder in irgendeiner Form zu schweren Erschütterungen führen, denn Hitler als der Agent des deutschen Imperialismus, dessen großes unverrückbares Ziel die Aufrichtung eines Großraum-Deutschland mit dem Einfluss bis zum Schwarzen Meer ist, wird seine Kriegsprovokation gegen Österreich fortsetzen.*“[16]

Jakob Rosner führt das schwierige und widerspruchsvolle Verhältnis des Austrofaschismus zum NS-Faschismus noch einmal auf die Lage der österreichischen Bourgeoisie zurück – und spricht an, inwiefern die doppelte Niederlage der reaktionärsten und aggressivsten Kräfte des österreichischen Großkapitals und Großgrundbesitzes vorprogrammiert war: „*Im Verhältnis des österreichischen zum deutschen Faschismus kamen ebenfalls die inneren Spannungen und Konflikte zum Ausdruck, von denen die herrschende Klasse Österreichs beherrscht war. Sie glaubte durch die Zerschlagung der Arbeiterbewegung, durch die Annullierung der Freiheitsrechte der Massen des Volkes und die Errichtung eines ‚christlichen, ständisch gegliederten Staates‘, durch die Stützung auf das faschistische Italien und ein ausgeklügeltes System der Zusammenarbeit mit dem deutschen Imperialismus-Nationalsozialismus ihre eigene Schwäche zu überwinden, ‚zum Zuge‘ kommen und irgendwie an der erhofften großen Beute der faschistischen Großstaaten mitgenießen zu können. Die Rechnung ging auch in Österreich nicht auf. Der österreichische Faschismus, bieder ‚christlich‘, grausam und heißhungrig nach mehr Profit und mehr Macht für die große Bourgeoisie, ging*

[16] Koplenig, Johann: Gegen den Faschismus – Für die Kampfeinheit der Arbeiterklasse. In: Reden und Aufsätze 1924-1950, Wien 1951, S. 65

zugrunde. Er wurde im Grunde zweimal geschlagen: 1938 vom Nationalsozialismus und 1945 teilte er das Schicksal seines feindlichen Bruders – des nationalsozialistischen Deutschlands – und seines treulosen Gönners, des italienischen Faschismus.“[17]

Dass sich die NS-Orientierung durchsetzte und die Austrofaschisten 1938 kapitulierten, war nicht nur der Übermacht Hitler-Deutschlands geschuldet, sondern auch inneren Faktoren. Der Austrofaschismus konnte die Erhaltung der österreichischen Souveränität gegenüber NS-Deutschland gar nicht gewährleisten, was ideologische und äußerst praktische Gründe hatte. Es war das austrofaschistische Diktaturregime selbst, das charakterlich und materiell der Verteidigung der österreichischen Eigenstaatlichkeit die Grundlage entzogen hatte. „*Mit der Niederschlagung der Arbeiterschaft*“, schreibt Arnold Reisberg, „*hatte der Austrofaschismus den Weg zum Nazifaschismus geebnet. Mit dem Verlust der Demokratie war die Widerstandskraft gegen die Lockungen des Hitler-Faschismus geschwächt, mit der Zerschlagung der Arbeiterorganisationen die stärkste Kraft im Kampf um die Unabhängigkeit Österreichs, die Arbeiterklasse, in die Illegalität gedrängt.*“[18]

Relevante Teile der österreichischen Arbeiterschaft, die sozialdemokratischen ebenso wie die kommunistischen, wären bei entsprechender Leitung wohl bereit und willens gewesen, die österreichische Souveränität gegenüber dem deutschen NS-Staat zu verteidigen, jedoch nicht, das eine faschistische Regime gegen das andere. Man war bereit, gegen die drohende Annexion durch NS-Deutschland mit allen Mitteln zu kämpfen, doch die Voraussetzung dafür war, dass die Schuschnigg-Regierung zu demokratischen und sozialen Reformen bereit war. Doch Schuschnigg hatte offenbar mehr Angst vor der Demokratie und der Arbeiterklasse als vor Hitler. Anzumerken ist jedoch, dass diese Forderung nach einer sofortigen Legalisierung ihrer Organisationen vor allem seitens der Sozialdemokratie als Voraussetzung für ihre Unterstützung im Widerstand gegen deutsche Annexionsbestrebungen gesehen wurde. Die KPÖ hingegen wollte diese Frage damals hinten anstellen, gewissermaßen auf später verschieben – denn der unbedingte und konsequente Kampf gegen den Nationalsozialismus erschien dringlicher; dementsprechend handelte

---

[17] Rosner, Jakob: Der Faschismus – Seine Wurzeln, sein Wesen, seine Ziele. Wien 1966, S. 254f.

[18] Reisberg, Arnold: Februar 1934 – Hintergründe und Folgen. Wien 1974, S. 230

die KPÖ auch 1938 und in den folgenden Jahren als einzige organisierte politische Bewegung, was ihr hoch anzurechnen ist und noch von entscheidender Bedeutung sein sollte.

Noch am 3. März 1938, quasi fünf vor zwölf, unterbreitete ein Arbeiterkomitee, bestehend aus Sozialdemokraten und Kommunisten, Schuschnigg nochmals den Vorschlag, die Regierung gegen den Nationalsozialismus zu unterstützen. Im Gegenzug forderte es von der austrofaschistischen Diktatur: „*Volle weltanschauliche und gesinnungsmäßige Freiheit der österreichischen Arbeiter und Angestellten, zumindest im selben Maße, wie sie den Nazi gewährt wurde. Volle Selbstbestimmung und Selbstverwaltung der Arbeiter und Angestellten in allen für sie bestimmten Institutionen und sozialen Einrichtungen; Besetzung aller Funktionen mit Personen, die das Vertrauen der Arbeiter genießen. Zu diesem Zweck unter anderem: sofortige Entlassung der Überläufer. Freie, unabhängige Arbeiterpresse. Gewährleistung eines sozialen Kurses, der unter anderem darin besteht, dass den Arbeitern und ihren Vertrauensmännern eine gewisse Bewegungsfreiheit eingeräumt wird und dass gewisse rückschrittliche Maßnahmen auf dem Gebiet der Sozialpolitik rückgängig gemacht werden.*“[19] – Schuschnigg erklärte sich jedoch lediglich zu weiteren Verhandlungen bereit, zu denen es aber nicht mehr kommen sollte.

---

[19] zitiert nach: Reisberg, Arnold: Februar 1934. Wien 1974, S. 246

Deutschnationalismus oder österreichische Nation?

Dass der Austrofaschismus zum antinationalen Totengräber Österreichs wurde, war neben dem faschistischen Charakter des Regimes auch seinem weiteren ideologischen Hintergrund geschuldet. Der Austrofaschismus war zwar auf die staatliche Souveränität Österreichs orientiert – dies hatte jedoch bloß innere konkurrenzfaschistische Gründe. Dollfuß und Schuschnigg definierten Österreich explizit als „deutschen Staat", die Österreicher somit als Deutsche. D.h. die Ideologie des Austrofaschismus war deutschnational, aber antinationalsozialistisch – in diesem Sinne wurde Österreich nicht nur als zweiter, sondern auch als „besserer deutscher Staat" als das Deutsche Reich propagiert. In einem Aufruf der Vaterländischen Front hieß es damals: *„Der Nationalsozialismus ist die barbarische Erneuerung von Potsdam. Österreich ist das letzte Bollwerk des deutschen Geistes! Österreich war ein großes deutsches Land, als die Preußen noch kein Wort Deutsch sprachen und Pferdeblut den Heidengöttern opferten..."*[20] – Vor diesem überaus chauvinistischen Hintergrund schrieb sich der Austrofaschismus auch dementsprechend eine gesamtdeutsche Mission zu, eine gesamtdeutsche Aufgabe, wobei ein Gutteil des austrofaschistischen Überlegenheitsglaubens nicht zuletzt von seinem katholischen Hintergrund herrührte.

Rosner erklärt diese gesamte Ausrichtung des Austrofaschismus nicht nur mit ideologischen Positionen, sondern auch mit imperialistisch-expansiven Wünschen, die im seit 1918 begrenzten Rahmen des österreichischen Imperialismus kaum umzusetzen waren. Der faschistische Kurs der reaktionärsten Teile der CSP und der Heimwehr, schreibt Rosner, *„stieß auf die engen Grenzen des klein gewordenen Österreichs, die der Herausbildung einer eigenständigen österreichischen aktiven Aspiration imperialistisch-militärischer Expansion entgegenstanden. Das Dollfuß-Schuschnigg-Regime, die Heimwehr, flüchteten aus diesem Dilemma in die Konzeption, Österreich wäre der zweite deutsche Staat, eine Konzeption, die antiösterreichisch, antinational war und ist. Die Heimwehr, Dollfuß, Schuschnigg, Starhemberg erstrebten ein ‚starkes' Österreich, das auf Deutschland und Italien gestützt, neuerlich nach Südosteuropa expandieren sollte und so an den zu erwartenden ‚Errungenschaften'*

[20] zitiert nach: Scheuch, Manfred: Der „zweite deutsche Staat". In: Der Standard, 22./23.5.2004

des deutschen und des italienischen Imperialismus zu partizipieren. So wie jeder Faschismus, so war auch der Austro-Faschismus imperialistisch orientiert –, da aber der Imperialismus in Österreich ‚in der Luft hing', keine reale Basis hatte, suchte er einen Ausweg in der Anlehnung an ‚stärkere' Staaten. Der Widerspruch zwischen ‚Traum' und Realität trieb den Austro-Faschismus in eine Art der ‚Romantisierung' der ‚Mission' Österreichs auf Führung nicht nur im ehemaligen ‚Raum' der Monarchie, sondern auch in Deutschland."[21] Doch, wie es eben so ist im Imperialismus – ob in der Form faschistisch oder nicht –, es frisst stets der Große den Kleinen – und nicht umgekehrt.

D.h. es lag ein Grundfehler in der nationalen, eigentlich antinationalen Ideologie der CSP bzw. der Austrofaschisten vor. Als Dollfuß in seiner bekannten programmatischen Trabrennplatz-Rede am 11. September 1933 die kommenden Aufgaben definierte, sagte er: „*Die Regierung will den sozialen, christlichen, deutschen Staat Österreich. Die Regierung muss ihre deutsche Gesinnung nicht erst betonen...*"[22] Die Maiverfassung von 1934, die als „konstitutionelle" Basis des austrofaschistischen Staates diente, bezeichnet diesen als „*christlich-deutschen Bundesstaat auf ständischer Grundlage*".[23]

Aber, und dies soll nicht unerwähnt bleiben, die deutschnationale Ausrichtung war auch im konservativen Lager nicht unumstritten. Einerseits gab es in monarchistischen Kreisen eine Österreich-patriotische Grundhaltung, andererseits gab es von Seiten Ernst Karl Winters durchaus theoretische Überlegungen in Richtung einer selbständigen österreichischen Nation. Ebenso wie in der Frage Diktatur-Demokratie erwies sich auch in der nationalen Frage der Gewerkschaftsflügel der CSP als progressiver als die Parteimehrheit, weshalb er mit der Errichtung der Diktatur und der Schaffung der Vaterländischen Front auch weitgehend als eigenständig handlungsfähiges Subjekt ausgeschalten wurde.

Die Vorstellung, dass die Österreicher Teil des deutschen Volkes seien, war damals jedoch nichts Ungewöhnliches, so sehr dies vor allem der mittleren und jungen Generation der Gegenwart auch erscheinen mag. Mit dem Ende des Habsburger-Reiches – und nach-

---

[21] Rosner, Jakob: Der Faschismus. Wien 1966, S. 251f.
[22] zitiert nach: Spira, Leopold: 20 Jahre – Wohin geht Österreich? Wien 1965, S. 10
[23] ebd.

dem der Plan einer demokratischen Föderation auf dessen Gebiet, wie dies Karl Renner bereits vor dem Ersten Weltkrieg angedacht hatte, seitens der Tschechen, Slowaken, Ungarn, Kroaten etc. gelinde gesagt kein Interesse hervorrief –, war es sogar allgemeine und gemeinsame Meinung der verschieden bestehenden politischen Parteien, dass sich das deutschsprachige Rest-Österreich der neuen deutschen Republik anschließen solle.

Die damalige Argumentation sowohl der Bürgerlichen als auch der Sozialdemokratie, wonach der kleine Staat Österreich „nicht lebensfähig“ sei, erwies sich bereits in den allerdings durchaus äußerst schwierigen Jahren der Ersten, vor allem aber natürlich in der Zweiten Republik als irrige Auffassung. Doch gemäß dieser Fehleinschätzung wählte man bei der Republikgründung im November 1918 den Staatsnamen „Deutschösterreich“ und definierte dieses als Bestandteil der Deutschen Republik.

Dies entsprach auch dem Nationalitätenprogramm der angeblichen „Linken“ Otto Bauers in der Sozialdemokratie, das schon im Januar 1918 ebenfalls den Anschluss der deutschsprachigen Gebiete des Habsburgerreiches an Deutschland propagierte. Friedl Fürnberg schreibt darüber: „*Bereits in den Jahrzehnten vor dem ersten Weltkrieg hatte die Entwicklung in Österreich und Deutschland eine verschiedene Richtung genommen; nach der Niederlage des deutschen Imperialismus im ersten Weltkrieg – und das war ja die Voraussetzung für die Auflösung Österreich-Ungarns in Nationalstaaten – war es falsch, Kurs darauf zu nehmen, dass Gebiete mit mehr als zehn Millionen Menschen mit Deutschland verbunden werden (Österreich und das Sudetengebiet); das war nicht nur unreal, angesichts des Sieges der imperialistischen Ententemächte, das war auch vom Standpunkt Österreichs falsch und das musste das Misstrauen der Arbeiterschaft der unterdrückten Nationen Österreich-Ungarns hervorrufen. Otto Bauer war natürlich ein Gegner des deutschen Imperialismus, aber seine dogmatische Übertragung der Vergangenheit auf die Gegenwart, die Forderung nach dem Anschluss an Deutschland brachte Österreich in Gegensatz zu den anderen Nationen Österreich-Ungarns, weil diese eine neuerliche Stärkung des deutschen Imperialismus fürchten mussten.*“[24]

---

[24] Fürnberg, Friedl: 50 Jahre – Die Sozialistische Oktoberrevolution und Österreich. Wien 1967, S. 54f.

Der explizit vorgesehene Anschluss der Republik Deutschösterreich an Deutschland wurde seitens der Siegermächte des Ersten Weltkrieges natürlich untersagt, denn damit hätte der deutsche Imperialismus die verdiente Niederlage seiner militärischen Aggression doch noch bedeutend kompensieren können. Die österreichische Bevölkerung, dem deutschen Imperialismus und Militarismus aufgrund der Erfahrungen des Krieges nicht gerade wohl gesonnen, stand in weiterer Folge der „Anschluss"-Idee bereits äußerst kühl gegenüber, dennoch wurde diese Zielsetzung seitens der Sozialdemokratie nicht aufgegeben. „*Und diese falsche nationale Politik*", schreibt Fürnberg weiter, „*war auch später eine schwere Last für die österreichische Arbeiterklasse und das österreichische Volk; sie hat, objektiv betrachtet, dem Großdeutschtum und damit dem Nazismus in Österreich den Weg erleichtert.*"[25]

Im ohnedies ganz grundsätzlich problematischen „Linzer Programm" der Sozialdemokratischen Arbeiterpartei (SDAP) von 1926[26], für das Otto Bauer maßgeblich die Verantwortung trägt, wurde die Anschlussforderung ausdrücklich nochmals erhoben, wobei dies – als angeblicher Abschluss der nationalen demokratischen Revolution – auch eine konterrevolutionäre Komponente enthielt: Eine sozialistische Revolution, so die Ansicht der Sozialdemokratie, könne es nur im gesamtdeutschen, d.h. großdeutschen Rahmen geben. Dementsprechend heißt es im „Linzer Programm": „*Die Sozialdemokratie betrachtet den Anschluss Deutschösterreichs an das Deutsche Reich als notwendigen Abschluss der nationalen Revolutionen von 1918.*"[27] – Letztlich wurde hier schlichtweg in dogmatischer Weise, wie es unmarxistischer nicht sein konnte, eine Position von 1848 übernommen, wie noch zu sehen sein wird.

Nach dem Sieg des Faschismus in Deutschland 1933 wurde die „Anschluss"-Passage formell aus dem sozialdemokratischen Parteiprogramm gestrichen – jedoch bloß, weil man nicht den Anschein erwecken wollte, für den Anschluss an Hitler-Deutschland und somit an ein faschistisches Regime zu sein; inhaltlich bekannte sich die öster-

---

[25] Fürnberg, Friedl: 50 Jahre – Die Sozialistische Oktoberrevolution und Österreich. Wien 1967, S. 57

[26] vgl. Zenker, Tibor: Austromarxismus, Revisionismus und Opportunismus. In: offensiv, Ausgabe 11/2006, S. 30-44

[27] Programm der Sozialdemokratischen Arbeiterpartei Deutschösterreichs. In: Sandkühler/Vega (Hg.): Austromarxismus, Frankfurt/M., Wien 1970, S. 401

reichische Sozialdemokratie freilich weiterhin zum deutschen Volk, zum Anschluss an ein nicht-faschistisches deutsches Staatswesen und zur Beseitigung der „unnatürlichen Grenze“ zwischen Deutschland und Österreich.

Arnold Reisberg fasst die Resultate der deutschnationalen Position der SDAP folgendermaßen zusammen: „*Die Anschlusspropaganda der Sozialdemokratie wirkte [1918] nicht nur der Weiterführung der Revolution zur sozialistischen entgegen, sie hatte auch eine unheilvolle Wirkung während des ganzen Bestehens der Ersten Republik. Sie hemmte im österreichischen Volk das sich entwickelnde Bewusstsein der eigenen nationalen Existenz, sie machte es in den Zeiten der Weltwirtschaftskrise für die nationalistische Demagogie des Nazismus empfänglicher und trug letzten Endes Mitschuld am Verlust der österreichischen Unabhängigkeit.*“[28]

Die im November 1918 nur wenige Tage vor der Ersten Republik gegründete KPÖ war die einzige Partei, die während dieser Jahre, nämlich erstmals 1921, klare Beschlüsse gegen die Anschlusspropaganda fasste. Dies geschah damals jedoch noch aus konkreten politischen, sozialen und strategischen Erwägungen, ohne dass die nationale Frage seitens der Kommunisten bereits geklärt gewesen wäre – dies war erst später der Fall.

[28] Reisberg, Arnold: Februar 1934. Wien 1974, S. 87

Die österreichischen Kommunisten und die nationale Frage

Die nationale Frage in Österreich bedurfte im Gefolge des im Sommer 1936 unterzeichneten „Juli-Abkommens“ zwischen Schuschnigg und Hitler einer dringenden Klärung, war doch in diesem Vertrag abermals das Bekenntnis der Austrofaschisten zum deutschen Volk und zu einer Politik im Sinne Deutschlands enthalten. So lautete die Frage auch, ob der Widerstand gegen den Anschluss Österreichs an das Deutsche Reich nur ein antifaschistischer bzw. antinationalsozialistischer sei – oder eben auch ein nationaler.

Innerhalb der KPÖ gab es bereits 1935 erste Schritte in eine solche Richtung, wie Winfried Garscha schreibt: Gegenüber der Verwendung des Begriffes „national“ bloß in Bezug auf die deutsche Nation, wie es damals zumeist geschah, *„bezog der Chefredakteur der ‚Roten Fahne', Erwin Zucker-Schilling, den Begriff ‚nationale Befreiung' des ‚österreichischen Volkes' auch auf die Unabhängigkeit von Deutschland, ohne allerdings ausdrücklich von einer österreichischen Nation zu sprechen. Auch Johann Koplenig nannte in seinem Referat auf dem VII. Weltkongress [der Kommunistischen Internationale] die Durchkreuzung der nationalen Demagogie der Nazis als Hauptaufgabe einer breiten Volksbewegung ‚für die Unabhängigkeit des österreichischen Volkes'.“*[29] Durchaus gab es also auch in der KPÖ selbst nicht nur terminologische Unsicherheiten, sondern auch inhaltliche Unklarheiten, die unbedingt zu beseitigen waren, wollte man den Charakter des Widerstandes umfassend erklären und den Kampf dementsprechend organisieren können. Daher wurde noch im Jahr 1936 seitens der KPÖ Alfred Klahr, der später, 1944, von den Nationalsozialisten ermordet werden sollte, mit der theoretischen Ausarbeitung der nationalen Frage in Österreich beauftragt.[30]

Erwin Zucker-Schilling erklärte – im Herbst 1937 – die Aufgabenstellung für die KPÖ folgendermaßen: *„Kampf um Demokratie, gegen den Faschismus, gegen Hitlers Raub- und Kriegspolitik, Kampf um den demokratischen Zusammenschluss des ganzen Volkes: das sind Dinge, die einen untrennbaren Bestandteil des Kampfes um die*

---

[29] Garscha, Winfried: Das Aufrollen der nationalen Frage durch die KPÖ. In: Die KPÖ – Beiträge zu ihrer Geschichte und Politik, Wien 1989, 2. Auflage, S. 247

[30] vgl. Klahr, Alfred: Zur österreichischen Nation. Wien 1994

Unabhängigkeit Österreichs bilden. Deshalb ist es von Bedeutung, dass wir unseren Kampf nun auch von der nationalen Aufgabenstellung her beleuchten.“[31]

Bereits im Laufe des ersten Halbjahres 1937 waren in diesem Sinne im KPÖ-Theorieorgan „Weg und Ziel“ zwei Teile des Textes „Zur nationalen Frage in Österreich“ erschienen, worin Alfred Klahr zu dem Ergebnis kam: „*Die Österreicher haben auf der Grundlage der jahrzehntelangen staatlichen Selbständigkeit eine eigene nationale, von der deutschen Nation verschiedene Entwicklung durchgemacht. Ihr Kampf um die Aufrechterhaltung der staatlichen Selbständigkeit bedeutet den Kampf um die Erhaltung der Grundlage der selbständigen nationalen Entwicklung, um die Erhaltung der nationalen Unabhängigkeit Österreichs. Er ist ein nationaler Kampf, ein Kampf für die nationale Selbstbestimmung des österreichischen Volkes.*“

Klahr schreibt weiter an anderer Stelle im selben Artikel, über die konkrete Situation: „*Und wir müssen klar sehen und aussprechen, dass die Eroberung Österreichs durch Hitler das österreichische Volk nicht nur dem brutalsten politischen System, das die Geschichte kennt, ausliefern, sondern auch seine nationale Unterdrückung durch den deutschen Faschismus bedeuten würde. Nationale Unterdrückung kann es auch dort geben, wo der nationale Unterdrücker dieselbe Sprache spricht...*“[32]

Klahr konnte sich auf die marxistische Position der Bolschewiki zur nationalen Frage beziehen. Diese hatte, im Auftrag Lenins, in den Jahren 1912 und 1913 der damals noch recht unbekannte Josef Stalin – übrigens ausgerechnet in Wien – schriftlich zusammengefasst. Zur Definition der Nation schreibt er: „*Eine Nation ist eine historisch entstandene stabile Gemeinschaft von Menschen, entstanden auf der Grundlage der Gemeinschaft der Sprache, des Territoriums, des Wirtschaftslebens und der sich in der Gemeinschaft der Kultur offenbarenden psychischen Wesensart. Dabei versteht sich von selbst, dass die Nation, wie jede historische Erscheinung überhaupt, dem Gesetz der Veränderung unterworfen ist, ihre Geschichte, ihren*

---

[31] Zucker-Schilling, Erwin: Grundlagen und Aufgaben des Unabhängigkeitskampfes. In: Fürnberg, Friedl: Österreichische Freiheitsbataillone – Österreichische Nation, Wien 1975, S. 60

[32] zitiert nach: Fürnberg, Friedl: Österreichische Freiheitsbataillone – Österreichische Nation. Wien 1975, S. 43

Anfang und ihr Ende hat.“[33] Diese Definition unterschied sich deutlich von der völkisch-„rassischen“, wie sie die Konservativen und Faschisten vertraten, aber auch von der idealistischen der österreichischen und deutschen Sozialdemokraten, die, nolens-volens, zum selben Ergebnis führte. Mit der marxistischen Grundlage, wie sie Stalin zusammenfasste, wird die völlige Unzulänglichkeit eines ethnisch-reinen Nationsbegriffs deutlich, der Begriff wird nun materialistisch und in seiner Dynamik gefasst, wie es sich nicht nur für Marxisten, sondern auch für fortschrittliche Bürgerliche geziemt.

Im österreichischen Fall wird deutlich, dass die österreichische Nation sich erst entwickelt hat – und dies neben der deutschen, wobei es hier neben dem letztlich Trennenden auch selbstverständlich historische Verknüpfungen gibt. In diesem Sinne meint Ernst Wimmer über das Verhältnis von Österreichern und Deutschen, „*verkehrt wäre es freilich, Gemeinsamkeiten in der Vergangenheit und deren Nachwirkungen bis in die Gegenwart zu leugnen. Von Österreichern deutscher Nationalität zu sprechen, ist unanfechtbar; allerdings nur in einem einzigen Sinn – bezogen auf die Vergangenheit, in der Bedeutung von Nationalität als Vorstufe zur Nation, als deren Keimform. Doch die Formierung der deutschen Nation hat sich nun einmal unter Ausschluss der Österreicher vollzogen. Es sind allemal die ökonomischen und sozialen, die historischen Faktoren, die schließlich den Ausschlag geben, ob mehrere Nationalitäten zu einer Nation zusammengeschweißt werden – wie in der Geschichte Frankreichs –, oder ob aus einer Nationalität wie der deutschen, als Vorstufe, auf folgenden Stufen der gesellschaftlichen Entwicklung verschiedene Nationen hervorgehen.*“[34]

Ernst Fischer schreibt vor diesem Hintergrund daher auch in einem Rückblick auf die Entwicklung: „*Im Jahre 1848 wäre trotz der eigenen Geschichte Österreichs das Aufgehen des österreichischen Volkes in der im Werden begriffenen deutschen Nation möglich gewesen. Auch damals waren die Widerstände in Österreich größer als in irgendeinem der deutschen Bundesstaaten, aber im Feueratem einer echten, siegreichen, demokratischen Revolution wären diese Widerstände dahingeschmolzen und in einer echten demokratischen Republik wäre ohne Zweifel der Österreicher im Deutschen aufgegangen.*

---

[33] Stalin, Josef: Marxismus und nationale Frage. In: Stalin-Werke, Bd. 2, S. 272

[34] Wimmer, Ernst: Nation und Nationalität. In: Weg und Ziel, Sondernummer, Dezember 1979

Die Revolution hat nicht gesiegt. Auch weiterhin hat sich Österreich staatlich, wirtschaftlich und politisch selbständig weiterentwickelt, besonders seit 1866. Die Konstituierung der deutschen Nation 1871 vollzog sich ohne die Österreicher. Während die Unterschiede zwischen den Preußen, den Sachsen, den Bayern usw. geringer wurden und eine bestimmte, allgemeine deutsche Wesensart und Geisteshaltung sich herausbildete, verstärkten und versteiften sich die Unterschiede, ja in vieler Beziehung sogar die Gegensätzlichkeit zwischen Deutschen und Österreichern.“[35]

Österreich hatte bereits seit dem Dreißigjährigen Krieg eine eigenständige staatliche Entwicklung vorzuweisen, in der Regierungszeit des Monarchen Josef II. wurde in der zweiten Hälfte des 18. Jahrhunderts erstmals ein zentralisiertes Staatswesen geschaffen. Dies entsprach den Interessen der jungen österreichischen Bourgeoisie in und an den östlichen und südöstlichen Teilen Österreichs – diese von Ungarn, Slawen, Rumänen und Italienern bewohnten Gebiete waren für sie von größerer ökonomischer Bedeutung als das fragmentierte Deutschland im Norden. Somit lagen im Revolutionsjahr 1848 bereits gegensätzliche Interessen der österreichischen und der preußischen Bourgeoisie vor, die nach der Niederlage der Revolution nahtlos wiederum auf dynastischer Ebene vertreten wurden. Dies gipfelte im preußisch-österreichischen Krieg von 1866 und der Gründung des deutschen Kaiserreiches 1871, was die Bildung des deutschen Nationalstaates markiert, unter Ausschluss der deutschsprachigen Österreicher. Letztlich wurde unter der großdeutschen Lösung in Berlin eine großpreußische verstanden, in Wien hingegen der Anschluss der deutschen Fürstentümer an Österreich (inklusive der nichtdeutschsprachigen Gebiete), also eine gewissermaßen großösterreichische Lösung. Letzteres spiegelte sich auch in der obskuren „gesamtdeutschen Aufgabe“ Österreichs, wie sie der Austrofaschismus sehen wollte, wider.

Doch 1918 nochmals festgeschrieben und während den Jahren der Ersten Republik vertieft, war es 1938 mit jedwedem „Anschluss“ längst vorbei. So ist es, zumindest für die großdeutsche Position, doch eine Ironie der Geschichte, dass gerade die Jahre 1938 bis 1945 dies unterstrichen. „*Die gewaltsame Annexion Österreichs im Jahre 1938*“, schreibt Fischer in Fortsetzung seiner obigen Worte, „*die*

[35] Fischer, Ernst: Österreich 1848. Wien 1946, S. 189f.

Errichtung eines Regimes der Fremdherrschaft haben den Österreicher diese Gegensätzlichkeit und die eigene Wesensart und Geisteshaltung so deutlich wie nie zuvor zum Bewusstsein gebracht ... Durch diese gesamte Entwicklung ist ein Aufgehen der Österreicher in der deutschen Nation unmöglich geworden, haben die Österreicher als Nation feste Gestalt angenommen."[36]

Während die Entwicklung und Herausbildung der eigenständigen österreichischen Nation seitens der „austromarxistischen" Sozialdemokratie nicht beachtet, ja sogar regelrecht negiert wurde, haben die österreichischen Kommunisten mit der Klärung der nationalen Frage in Österreich ein bleibendes Verdienst, das auch Grundlage des Kampfes vieler Österreicher gegen die deutsche NS-Herrschaft und vor allem für das Wiedererstehen eines unabhängigen österreichischen Staates 1945 war. So muss heute selbst der nicht unbedingt als Kommunistenfreund verschriene Robert Menasse, offenkundig mit einigem Befremden, eingestehen: „*So bizarr es in dieser notwendigen, aber die Wahrheit keineswegs verfälschenden Verkürzung klingt: Die Existenz einer freien, unabhängigen, zweiten österreichischen Republik ist das genuine Ergebnis einer geglückten praktischen und theoretischen Anstrengung der österreichischen Kommunisten.*"[37]

---

[36] Fischer, Ernst: Österreich 1848. Wien 1946, S. 190

[37] Menasse, Robert: Das Land ohne Eigenschaften. Wien 1992, S. 49

Was geschah im März 1938?

Da die österreichischen Kommunisten mit dem unbedingten Willen, die staatliche Unabhängigkeit und die nationale Souveränität Österreichs zu verteidigen, weitgehend alleine dastanden, war die im März 1938 vollzogene Okkupation und Annexion Österreichs durch das Deutsche Reich eine folgerichtige Entwicklung. Weder die an der Macht befindlichen Austrofaschisten noch die Sozialdemokraten hatten ihr etwas entgegenzusetzen, materiell nicht, aber eben auch nicht ideologisch – ganz im Gegenteil, wie wir gesehen haben.

Nachdem Hitler am 12. Februar 1938 Schuschnigg das „Berchtesgadener Abkommen“ diktiert hatte, womit u.a. der (natürlich „inoffizielle“) Nationalsozialist Arthur Seyß-Inquart Innenminister wurde und die österreichischen Nazis sich legal politisch betätigen durften, erkannten selbst die Austrofaschisten den unmittelbaren Handlungsbedarf. Am 9. März versuchte Schuschnigg die Flucht nach vorne und verkündete die Abhaltung einer Volksbefragung am 13. März über die Unabhängigkeit Österreichs von Deutschland. Doch selbst jetzt setzten die Austrofaschisten noch auf die deutschnationale Karte. Schuschnigg fordert an diesem Tag in Innsbruck die Österreicher auf: *„Stimmt für ein freies und deutsches, unabhängiges und soziales, für ein christliches und einiges Österreich!“*[38]

Die österreichischen Sozialdemokraten (nach einigem Zögern) und die Kommunisten (in konsequenter Fortführung ihrer antiimperialistischen Politik und gemäß ihrer ideologischen Position zur nationalen Frage) propagierten bezüglich dieser Volksbefragung jeweils das „Ja“ zur österreichischen Unabhängigkeit, wobei jedoch hervorgehoben wurde, dass dies keine Zustimmung zur austrofaschistischen Regierung sei. Auch in den Betrieben wurde dementsprechend – und in beachtlichem Ausmaß – mobilisiert.[39]

Da hierdurch bei der Volksbefragung ein deutliches Votum für die Unabhängigkeit zu erwarten war, musste Hitler dieser zuvorkommen. Er verlangte von Schuschnigg in einem Ultimatum die Absage der Volksbefragung, andernfalls würde die deutsche Wehrmacht

[38] zitiert nach: Spira, Leopold: 20 Jahre – Wohin geht Österreich? Wien 1965, S. 17
[39] vgl. Weinert, Willi: Organisierung der Abwehr gegen die drohende Annexion. In: Die KPÖ – Beiträge zur ihrer Geschichte und Politik, Wien 1989, 2. Auflage, S. 264-266

einmarschieren. Die Austrofaschisten beugten sich. Und nur wenige Stunden später, am Abend des 11. März, trat Bundeskanzler Schuschnigg zurück, Seyß-Inquart übernahm die Regierung. Am 12. März erfolgte die widerstandslose Okkupation Österreichs durch deutsche Truppen. Dass im Zuge der deutschen Besetzung kein einziger Schuss fiel, hatte noch Schuschnigg eingefädelt. Er hatte das Bundesheer angewiesen, im Falle einer Grenzüberschreitung keinen Widerstand zu leisten, damit – auf beiden Seiten – kein „deutsches Blut“ vergossen würde. Davon floss in den folgenden sieben Jahren allerdings noch genug – und über 400.000 österreichische Soldaten fielen in den Reihen der deutschen Wehrmacht im Zweiten Weltkrieg. Ein österreichisches Bundesheer, das militärischen Widerstand geleistet hätte und dessen Soldaten daher den deutschen Faschisten unzuverlässig erschienen wären, wäre nicht so einfach in die Wehrmacht einzugliedern gewesen.

Willi Weinert schreibt zur Frage, ob einer militärischer Widerstand gegen die deutsche Okkupation möglich gewesen wäre: „*Die kampflose Kapitulation Schuschniggs, die Ablehnung eines, wie er es bezeichnete, ‚Bruderkampfes', führte zur Frage, ob militärischer Widerstand möglich gewesen wäre. Nicht nur Schuschnigg selbst spricht in seinen Erinnerungen von der, wenn auch als kurz eingeschätzten Möglichkeit eines Widerstandes. Es ist auch bekannt, dass der damalige Chef des Generalstabs im österreichischen Bundesheer, Feldmarschallleutnant Alfred Jansa, in den Jahren vor 1938 nicht nur die Möglichkeit eines deutschen Einmarsches in Österreich erkannte, sondern auch entsprechende Maßnahmen dagegen setzte.*“ Diese Maßnahmen betrafen Waffenbeschaffungen, Grenzbefestigungen und die Ausarbeitung strategischer Pläne. Da dies den deutschen Faschisten nicht verborgen blieb und sie auch selbst mit erheblichen Schwierigkeiten für die Wehrmacht im Falle eines militärischen Widerstandes in Österreich rechneten, wurde die Absetzung Jansas nachdrücklich betrieben – wozu es im Februar 1938 freilich auch kam. Weinert schreibt weiter an selbiger Stelle: „*Auch wenn der militärische Widerstand nur von kurzer Dauer gewesen wäre (und unter Vernachlässigung der Frage, wie bei dieser Konstellation die Westmächte reagiert hätten), hätte er die Absicht Österreichs zur Verteidigung seiner Unabhängigkeit dokumentiert. Dieser militärische Widerstand hätte aber auch die Haltung jener unterstützt, die sich Anfang 1938 immer massiver für die Unabhängigkeit Österreichs aussprachen, und wäre zweifellos auch eine nicht zu unter-*

schätzende mobilisierende Kraft für den sich entwickelnden Widerstandskampf geworden. Das Argument, dass dieser viele Opfer forderte und daher sinnlos war, verliert angesichts jener hunderttausenden Österreicherinnen und Österreicher, die in den folgenden Jahren auf den Schlachtfeldern für Hitlers Kriegsziele starben oder deren Opfer wurden, an Bedeutung."[40]

Ähnlich äußerst sich Arnold Reisberg über die Kapitulation der Austrofaschisten: „*Selbst angesichts der militärischen Unterlegenheit Österreichs und der Politik der Westmächte hätten die Machthaber in Österreich die Pflicht gehabt, dem Einmarsch der Hitler-Armee Widerstand entgegenzusetzen. Dieser Widerstand wäre ein Signal gewesen, das die gesamte europäische Situation zuungunsten Hitlers hätte wenden können. Vor allem aber hätte der Widerstand die Mär vom freiwilligen Anschluss zerstört, hätte der gesamten nationalen Demagogie Hitlers einen vernichtenden Schlag versetzt. Auch die Berufung auf das Bestreben, Blutvergießen zu vermeiden, ist gerade im Munde derer, die bedenkenlos im Februar 1934 Militär und Artillerie gegen die eigene Arbeiterschaft einsetzten, eine pure Heuchelei.*"[41]

Die von Schuschnigg ausgerufene Volksbefragung am 13. März fand also nicht statt, stattdessen verkündete Seyß-Inquart an diesem Tag den „Anschluss Österreichs an das Deutsche Reich" – somit ist der 13. März 1938 der Tag des „Anschlusses". Weiters wurde die Abhaltung einer – somit eigentlich bereits nachträglichen – diesbezüglichen „Volksabstimmung" für den 10. April 1938 festgelegt.

Natürlich war eine „Volksabstimmung" unter den Bedingungen einer militärischen Okkupation und Fremdherrschaft sowie v.a. unter jenen einer faschistischen Terrorherrschaft ohnedies nur eine inszenierte „Formalität" für die Nationalsozialisten. Das Ergebnis der „Volksabstimmung", von der rund 400.000 Österreicher aus politischen und rassistischen Gründen ausgeschlossen waren und zu deren Zeitpunkt sich bereits hunderte Österreicher in deutschen Konzentrationslagern befanden, erbrachte offiziell über 99% Zustimmung zum „Anschluss". Die genannten Rahmenbedingungen machten eine Fälschung des Ergebnisses – zumindest im großen Stil und Ausmaß

---

[40] Weinert, Willi: Die Annexion Österreichs. In: Die KPÖ – Beiträge zur ihrer Geschichte und Politik, Wien 1989, 2. Auflage, S. 268

[41] Reisberg, Arnold: Februar 1934. Wien 1974, S. 253

– nicht erforderlich, entziehen dieser „Volksabstimmung“ aber freilich auch jede reale Aussagekraft. Selbstverständlich handelte es sich nicht um die demokratische Entscheidung der Österreicher, sondern um einen deutschen Gewaltakt, wenngleich viele Österreicher angesichts bereits geschaffener Realitäten der Annexion mit einer gewissen Indifferenz zustimmten, nicht wenige Menschen aber auch durchaus bewusst, was auch ein Ergebnis zwei Jahrzehnte währender deutschnationaler Politik und Propaganda der CSP bzw. der Austrofaschisten sowie der Sozialdemokratie war.

Daneben sei aber auch nochmals auf die gleichzeitige Machtergreifung der österreichischen Nationalsozialisten, deren es vor 1938 bereits annähernd 100.000 gegeben haben dürfte, hingewiesen. Auf der obersten Ebene markiert dies die Tatsache, dass, als die deutsche Wehrmacht in Österreich einmarschierte, mit Seyß-Inquart bereits ein Nationalsozialist als Bundeskanzler im Amt war – und dies war, zumindest im Rahmen des Ständestaates, formell durchaus rechtlich gedeckt. Zudem erklärte sich Bundespräsident Miklas als an seiner Amtsführung gehindert, wodurch seine Funktionen ebenfalls an den Bundeskanzler übergingen, wie dies damals „verfassungsgemäß“ vorgesehen war. Entscheidend ist aber wohl bei der Frage der Machübernahme der österreichischen Nationalsozialisten, dass deren lokale Gruppen bzw. bereits in der Verwaltung befindliche Nationalsozialisten in den Bundesländern ebenfalls bereits knapp vor oder zumindest gleichzeitig mit dem Einmarsch der deutschen Wehrmacht überall die Macht übernahmen. Nicht zuletzt übernahmen die österreichischen Nationalsozialisten aber auch auf der Straße, im öffentlichen Raum bereits in der Nacht vom 11. auf den 12. März die Macht und begannen – ausgehend von organisierten Straßendemonstrationen, aber auch individuell – mit offenem Terror gegen politische Gegner sowie die jüdische Bevölkerung. Dies beförderte für die NS-Propaganda den Mythos einer Machtübernahme „von unten“.

Faktum bleibt aber, dass diese partielle Machtübernahme einheimischer Nationalsozialisten letztlich nicht umfassend Bestand hatte: die wirklich entscheidenden Funktionen in der „Ostmark“ bzw. später in den „Alpen- und Donaugauen“ wurden bald mit Deutschen besetzt, was aber nicht bedeutet, dass die österreichischen Nationalsozialisten nicht weiterhin überaus engagiert gewesen wären und mitunter wichtige Rollen in der NSDAP, der Wehrmacht, der SS oder anderen nationalsozialistischen Organisationen und Strukturen einnahmen.

So bleibt die NS-Herrschaft in Österreich eine deutsche Fremdherrschaft, der direkte und indirekte Kollaborationsgrad war jedoch zweifelsfrei überdurchschnittlich.

Was bezweckte nun die Annexion Österreichs aus deutscher Sicht? Da es sich um eine imperialistische Annexion handelte, sind die Gründe auch auf der Ebene des Imperialismus zu suchen, d.h. es ging um den deutschen Zugriff auf Rohstoffe, freie Arbeitskräfte und Produktionskapazitäten (im konkreten Fall v.a. für die Rüstungswirtschaft), um Investitionssphären sowie um politischen Einfluss und militärische Stützpunkte. Es liegen somit ökonomische, politische und militärisch-geostrategische Gründe vor.

Auf der ökonomischen Ebene sind verschiedene in Österreich vorhandene Ressourcen von Bedeutung, so etwa Magnesit, Eisenerz, Graphit, Salz und Holz, unmittelbar aber auch die – nicht zuletzt im Vergleich zu den mageren deutschen – äußerst umfangreichen Gold- und Devisenreserven der österreichischen Nationalbank, die aufgrund der – allerdings unsinnigen – deflationistischen Politik in den späten 1920er und 30er Jahre angesammelt worden waren. „*Den faschistischen Truppen folgten unmittelbar die Beauftragten der Monopole, die die Übernahme der österreichischen Wirtschaft und ihrer Betriebe organisieren sollten. Die österreichische Nationalbank wurde liquidiert. Ihre Geschäfte übernahm die Reichsbank. Österreichs Gold- und Devisenvorräte wurden nach Berlin verschleppt. Die Deutsche Bank verstärkte erheblich ihren Einfluss auf die Creditanstalt-Bankverein Wien, die fast 90 Prozent der österreichischen Industrie und des Großhandels kontrollierte. Die Übertragung der Vierjahresplanpolitik auf Österreich am 19. März 1938 führte auch hier in kurzer Zeit zur Zentralisation großer Teile des österreichischen Kapitals in den Händen der mächtigsten deutschen Monopolgruppen. Die Aktiengesellschaft Reichswerke ‚Hermann Göring' beherrschte fast den gesamten Bergbau und die Hüttenindustrie, die IG Farbenindustrie AG die chemische Industrie. Die Vereinigte-Industrie-Unternehmungen-AG, Berlin, die zur Wahrnehmung der Vierjahresplaninteressen auf dem Gebiet der Elektrowirtschaft für Österreich eingesetzt wurde und hinter der die großen deutschen Elektrokonzerne Siemens und AEG standen, drang beherrschend in die österreichische Elektroindustrie ein. Die deutsche Rüstungsindustrie erhielt einen erheblichen Zuwachs an Rohstoffen, wie Eisenerz, Blei, Zink, Kupfer, Antimon, Nickel, Chrom, Magnesit,*

Quecksilber, Gold, Öl sowie an Stein- und Braunkohle. Die wirtschaftliche Ausplünderung Österreichs durch das deutsche Finanzkapital widerlegt eindeutig die in der westdeutschen Geschichtsschreibung weit verbreitete Legende, dass das deutsche Monopolkapital an der Vorbereitung des zweiten Weltkrieges nicht beteiligt gewesen sei."[42]

Vor diesem Hintergrund entpuppt sich der wirtschaftliche „Anschluss" natürlich schnell als imperialistische Ausbeutung und Ausplünderung, als regelrechter Raubzug. Weinert schreibt über die diesbezüglichen Vorgänge: „*Als die deutschen Okkupanten bereits in den ersten Wochen nicht nur eine große Zahl wertvoller Kunstschätze aus den österreichischen Museen nach Deutschland brachten (darunter die mit großem Symbolgehalt behaftete deutsche Kaiserkrone und die Reichsinsignien, die in der Schatzkammer aufbewahrt waren und nun nach Nürnberg verschleppt wurden), sondern auch die Valuten- und Devisenreserven im Umfang von 90 Tonnen Gold nach Berlin transportierten, waren dies recht spektakuläre Maßnahmen. Doch das massive Eindringen deutschen Kapitals in die österreichische Wirtschaft hatte zumindest den gleichen Stellenwert. Mit der Verschleppung der österreichischen Goldreserven wurden auch die österreichischen Wertpapiere nach Berlin transportiert. Darunter die der Creditanstalt, an der der österreichische Staat die Aktienmajorität besaß und somit auch Besitz an den großen, zur CA gehörenden Firmen hatte. Auf diese Weise gingen die größten Firmen der Schwer- und Metallverarbeitungsindustrie, Chemieindustrie sowie Textilindustrie in den Besitz deutscher Großkonzerne über ... Ergänzt wurden diese Raubzüge durch die ‚Arisierungen', bei denen jüdischer Besitz durch ‚arische' Interessenten ‚erworben' wurde. – Die wirtschaftliche Ausplünderung, die nach der Annexion einsetzte, wird am Raubbau der heimischen Bodenschätze verdeutlicht. Setzt man den Durchschnittswert von 1936 bis 1938 in Beziehung zu dem von 1941 bis 1943, so ergeben sich in den Bereichen Eisenerz, Magnesit, Kohle, Graphit, Erdöl und Holz Steigerungen zwischen 26 bis 2531 Prozent. Baute zum Beispiel die Alpine-Montan-Gesellschaft 1937 nicht ganz 1,9 Millionen Tonnen Erz ab, waren es 1939 im Schnitt drei Millionen Tonnen.*"[43]

---

[42] Geschichte der deutschen Arbeiterbewegung. Berlin 1966, Bd. 5, S. 199

[43] Weinert, Willi: Die Annexion Österreichs. In: Die KPÖ – Beiträge zu ihrer Geschichte und Politik, Wien 1989, 2. Auflage, S. 270f.

Daneben war die Annexion Österreichs, gegen die auf internationaler Ebene lediglich die UdSSR und Mexiko sowie später Chile auftraten, natürlich ein strategischer Baustein im Rahmen der gesamten imperialistischen Eroberungspolitik Deutschlands. Mit der Okkupation Österreichs war das Schicksal der nun in die Zange genommenen Tschechoslowakei freilich ebenso besiegelt. Im Großen bot Österreich natürlich das Aufmarschgebiet für künftige Feldzüge der Wehrmacht, einerseits auf dem Balkan, und andererseits über die Südost-Flanke gegen die Sowjetunion – dieser Weg führte immerhin letztlich aber auch nach Stalingrad.

Dass die anderen großen imperialistischen Staaten, v.a. Großbritannien, Frankreich und die USA, von ihrer Appeasement-Politik gegenüber Deutschland nicht abrückten – im Gegenteil –, war ebenso wie der staatlich nicht vorhandene militärische Widerstand in Österreich gegen die Okkupation ein regelrechter Freibrief für Hitler, die deutschen Aggressionen fortzusetzen, womit der Weltkrieg bereits unausweichlich wurde. Johann Koplenig warnte bereits im März 1938: „*Die Ereignisse in Österreich zeigen nachmals vor aller Welt klar und deutlich: Der Faschismus, das ist der Krieg. Mag Hitler seine Kriegs- und Eroberungspolitik unter welcher Maske immer tarnen ... mag er so wie in Österreich unter der Maske eines nationalen Befreiers einem widerstrebenden Volk gewaltsam seine Fremdherrschaft aufzwingen – überall verfolgt er das gleiche Ziel ... Der Hitler-Faschismus wird nichts unversucht lassen, um durch Demagogie und Terror den Freiheits- und Unabhängigkeitswillen des österreichischen Volkes zu ersticken und zu erdrosseln. Aber er wird nun nach der politischen Gleichschaltung auch darangehen müssen, die wirtschaftlichen Schätze des Landes in den Dienst seiner Kriegspolitik zu stellen ... Der Hitler-Faschismus, das ist der Krieg. Zu diesem Krieg braucht Hitler auch die Knochen der österreichischen Arbeiter und Bauern und die Körper der österreichischen Jugend. So verbindet sich der Befreiungskampf des österreichischen Volkes heute unlösbar mit dem Kampf gegen den Krieg. Wenn sich die ersten Niederlagen einstellen, wenn die Völker aufhören werden, vor den Drohungen Hitlers zu kapitulieren, dann wird auch in Österreich der Same aufgehen, der in den letzten Wochen im österreichischen Volk gesät worden ist.*“[44]

[44] Koplenig, Johann: Trotz alledem: Österreichs Volk kämpft weiter für seine Unabhängigkeit! In: Reden und Aufsätze 1924-1950, Wien 1951, S. 94ff.

All dies hat sich bewahrheitet. Die deutsche Aggressionspolitik führte bloß eineinhalb Jahre später zum bislang fatalsten Krieg der Menschheitsgeschichte, doch dieser Krieg führte auch zur Niederlage des Aggressors. Er führte zu bedeutenden Widerstandsaktivitäten in fast allen vom deutschen Faschismus okkupierten Gebieten sowie zur antifaschistischen und nationalen, in einigen Ländern auch zur sozialistischen Befreiung.

Der „Anschluss“ und die politischen Bewegungen in Österreich

Angesichts der Ereignisse im März und April 1938 standen auch die verschiedenen politischen Bewegungen in Österreich vor einer erneuten Prüfung. Friedl Fürnberg schreibt über die bürgerlichen Kräfte nach der Besetzung Österreichs durch die deutsche Wehrmacht: *„Die Großdeutschen wurden von den Nazi aufgefressen beziehungsweise gingen zu ihnen über; der größte Teil der Mitglieder und Anhänger dieser Partei gehörten nun zu den schlimmsten und grausamsten Helfern der Hitlerdiktatur und Hassern Österreichs. Die Christlichsozialen, die zur Hauptkraft des grünen Faschismus des Dollfuß- und Schuschnigg-Regimes gehört hatten, zerfielen nun vollständig. Ein großer Teil lief zu den Nazi über; andere wurden politisch passiv. Aus dem kleineren Teil, der schon 1933 gegen die Diktatur Dollfuß und für die bürgerliche Demokratie war, wuchsen Gruppen von aufrechten und mutigen Kämpfern gegen den Faschismus und für die Unabhängigkeit Österreichs.“*[45]

Seitens der katholischen Kirche, zuvor eine offene und eine der wichtigsten Stützen des austrofaschistischen Regimes und dementsprechend vor dem 11. und 12. März 1938 noch für die österreichische Eigenstaatlichkeit, riefen die Bischöfe nun zum „Ja“ zum „Anschluss“ an das Deutsche Reich auf. Hier wurde die deutschnationale Ideologie des klerikalfaschistisch angehauchten Austrofaschismus konsequent weiter betrieben, daneben begrüßten die österreichischen Bischöfe die Nationalsozialisten aber auch als verlässliche Antimarxisten.

Seitens der Sozialdemokratie ist vor allem das Verhalten Karl Renners erwähnenswert. Er ließ sich am 3. April 1938 im „Neuen Wiener Tagblatt“ mit folgender Stellungnahme zur „Volksabstimmung“ am 10. April zitieren: *„Ich müsste meine ganze Vorgeschichte als theoretischer Vorkämpfer des Selbstbestimmungsrechtes der Nationen, wie als deutschösterreichischer Staatsmann verleugnen, wenn ich die große geschichtliche Tat des Wiederzusammenschlusses der deutschen Nation nicht freudigen Herzens begrüßte ... Als Sozialdemokrat ..., als erster Kanzler der Republik Deutschösterreich und als*

---

[45] Fürnberg, Friedl: Österreichische Freiheitsbataillone – Österreichische Nation. Wien 1975, S. 47f.

gewesener Präsident ihrer Friedensdelegation zu St. Germain werde ich mit Ja stimmen.“[46] Von mancher Seite, so z.B. von Oskar Helmer, wurde versucht, dieses Interview Renners dahingehend auszulegen, dass er mit seiner offiziellen Unterstützung der Annexion in Wirklichkeit den sozialdemokratischen Politiker Robert Danneberg aus den Händen der NS-Schergen freibekommen wollte. Dies ist jedoch in keiner Weise belegbar und widerspricht auch Renners eigenen späteren Rechtfertigungen, wie selbst sozialdemokratische Historiker feststellten.[47] (Danneberg, bereits am 1. April 1938 mit dem ersten Österreicher-Transport ins KZ Dachau verschleppt, starb im Dezember 1942 im KZ Auschwitz.)

Tatsächlich ist Renner im März und April 1938 wohl schlichtweg seiner deutschnationalen Ideologie treu geblieben, ganz ähnlich den katholischen Bischöfen. Dass er jedoch im Gegensatz zu anderen prominenten Sozialdemokraten nicht einmal fähig war, wenigsten aus antifaschistischen Gründen den „Anschluss“ an NS-Deutschland abzulehnen, weist ihn abermals als Vertreter des rechten Flügels der SDAP bzw. SPÖ aus.

Die grundsätzlich deutschnationale Ausrichtung der österreichischen Sozialdemokratie war jedoch durchdringend. Manche Sozialdemokraten, so z.B. Friedrich Adler, blieben auch nach 1945 bei ihrer vehementen Ablehnung der österreichischen Nation. Ausgerechnet Renner wandte sich damals gegen Adler, wie Manfred Bauer schreibt: *„Renner hatte bereits in der Ausgabe der ‚Wiener Zeitung‘ vom 19. Jänner 1947 dazu geschrieben, dass Adlers ‚Fehleinschätzung‘ der politischen Situation in Österreich auf seiner starren und dogmatischen Tradition des überkommenen Austromarxismus basiere. Mit diesem Beitrag war die alte Auseinandersetzung zwischen Karl Renner und Friedrich Adler als manifeste Auseinandersetzung zwischen den Parteirechten und Parteilinken wieder aufgebrochen.*“[48] – Dass Renner, in der Tat die wichtigste Figur der SP-Rechten, hier abermals bemerkenswert wandlungsfähig, oder besser: anpassungsfähig, war, ist eine Sache. Dass Bauer aber – übrigens in einem Auftragswerk für die Sozialistische Jugend – hier die deutschnationale Fehleinschätzung Adlers unter Anführungszeichen setzt und die deutschnationale Position als die linke ausgibt, ist eine ande-

---

[46] zitiert nach: Spira, Leopold: 20 Jahre – Wohin geht Österreich? Wien 1965, S. 19ff.
[47] vgl. Kane, Leon: Robert Danneberg – Ein pragmatischer Idealist. Wien 1980, S. 183
[48] Bauer, Manfred: Friedrich Adler – Rebell der Einheit. Wien 2004, S. 185

ie. Sie passt sehr gut zu diesem durchwegs grotesken Friedrich-Adler-Jubelbuch. Hier soll jemand zum linkssozialistischen Vorbild hochstilisiert werden, der sich anhand seiner politischen Praxis in Wirklichkeit längst als ganz banaler deutschnationaler Konterrevolutionär erwiesen hatte. Wer solche „Parteilinke“ hat, braucht sich für seine Rechten auch nicht mehr zu schämen…

Andere Sozialdemokraten, so etwa Otto Bauer oder die aus der alten SDAP hervorgegangenen „Revolutionären Sozialisten“ (RS), lehnten im März 1938 aus antifaschistischen Gründen immerhin den unmittelbaren „Anschluss“ an Hitler-Deutschland ab. Dies hinderte sie jedoch nicht, diesen nach dem 10. April als historischen Fortschritt zu charakterisieren. Bauer schrieb im sozialdemokratischen Theorieorgan „Der Kampf“ im April 1938: „*Österreich ist gewesen ... Klerikale und Monarchisten mögen ... von der Wiederherstellung eines österreichischen Staatswesens phantasieren ... Der österreichische Sozialismus ... kann sich zu der vollzogenen Tatsache nicht reaktionär verhalten ... Wir können das Rad der Geschichte nicht zurückdrehen ... Die Zuflucht der österreichischen Arbeiterklasse liegt also in keinem österreichischen Separatismus. Die deutsch-österreichische Arbeiterklasse kann nur noch frei werden, wenn die ganze deutsche Arbeiterklasse frei wird. Die Zukunft der österreichischen Arbeiterklasse ist die deutsche Revolution.*“[49] Hier handelt es sich nicht um irgendeine Art von Resignation, sondern um eine ideologisch begründete Position.

Alfred Klahr schrieb zur Stellungnahme Bauers im August desselben Jahres: „*Es ist die Tragik im Leben Otto Bauers, dass er, um seine durch und durch bürgerlich-reaktionäre Nationalitätentheorie zu rechtfertigen, kurz vor seinem Tod sich dazu verstiegen hat, die Annexion Österreichs durch den Faschismus als einen geschichtlichen Fortschritt zu bezeichnen.*“[50]

Ähnlich beurteilt Ernst Fischer die damalige Argumentation seitens der Exil-Sozialdemokratie und der RS: „*Der deutsche Imperialismus ‚vereinigte' sich mit anderen Völkern genau so wie sich der Wolf mit seiner Beute vereinigt; das Auffressen und Aufgefressenwerden als einen ‚fortschrittliche Akt' zu bezeichnen, das ist eine wahrhaft wöl-*

[49] zitiert nach: West, Franz: Die Linke im Ständestaat Österreich. Wien 1978, S. 339f.
[50] zitiert nach: Fürnberg, Friedl: Österreichische Freiheitsbataillone – Österreichische Nation. Wien 1975, S. 50

fische ‚Geschichtsphilosophie'. Der ‚Anschluss' Österreichs im Jahre 1938 war ein solcher ‚fortschrittlicher Akt' des Auffressens und Aufgefressenwerdens."[51]

Doch zumindest bis 1943, d.h. auch gegenüber der Moskauer Deklaration der alliierten Großmächte, beharrte die Exil-Sozialdemokratie in London darauf, dass im März 1938 bloß „unnatürliche Grenzen" beseitigt worden wären, welche die „deutschen Österreicher" zu Unrecht von den „anderen Deutschen" getrennt hätten. Erst 1945 distanzierte man sich in der österreichischen Sozialdemokratie, offensichtlich durchaus unwillig, aber immerhin in der Form erstmals deutlich und offiziell von der deutschnationalen Ausrichtung und Zielsetzung.

Die österreichischen Kommunisten waren nach dem März 1938 die einzige politische Kraft, die unbeirrt gegen den angeblichen „Anschluss" Österreichs an Deutschland auftrat. Sie tat dies kraft ihrer ideologischen Klarheit in der nationalen Frage. Im Juli 1938 veröffentlichte das Zentralkomitee der KPÖ eine Stellungnahme, in der es u.a. hieß: „*Hitler bezeichnete die militärische und politische Vergewaltigung Österreichs als ‚Wiedervereinigung', als ‚Heimkehr' ins Reich. Niemals wurde der nationale Gedanke widerlicher besudelt, niemals die Geschichte frecher gefälscht als durch diesen Henker der deutschen Freiheit. Niemals bisher in der Geschichte lebten die Österreicher mit den übrigen deutschen Stämmen in einem Staate zusammen. Das österreichische Volk hat seine staatliche, wirtschaftliche und kulturelle Entwicklung abseits vom Deutschen Reich vollzogen. Kraft seiner eigenen selbständigen Geschichte, kraft seines Willens zur Unabhängigkeit war und ist das österreichische Volk nicht irgendein abgesplitterter Teil, sondern ein selbständiges Ganzes geworden, ein aus eigener Kraft – in der Familie der übrigen mitteleuropäischen Völker – lebensfähiges selbständiges Volk, nicht anders als die deutschsprachigen Schweizer ... Die österreichische Arbeiterschaft blickt auf eine ruhmvolle Bewegung zurück, die ihr neben und unabhängig von der deutschen Arbeiterschaft einen eigenen ehrenhaften Platz in der internationalen Arbeiterbewegung sichert.*"[52]

---

[51] Fischer, Ernst: Österreich 1848. Wien 1946, S. 182f.

[52] zitiert nach: Fürnberg, Friedl: Österreichische Freiheitsbataillone – Österreichische Nation. Wien 1975, S. 44f.

Zu erwähnen ist weiters, dass sich die deutschen Kommunisten hinter die Position der österreichischen Genossen stellten. Das Zentralkomitee der KPD schrieb in einer Stellungnahme nach dem 12. März 1938: „*Das österreichische Volk ... ist von der Hitlerdiktatur unter Einsatz gewalttätiger militärischer Machtmittel seiner Unabhängigkeit und seines Selbstbestimmungsrechtes beraubt worden. Österreich wird von der Hitlerdiktatur nun wie ein Kolonialvolk behandelt ... Die Annexion Österreichs durch die Hitlerdiktatur hat daher nichts zu tun mit dem Gedanken der Einigung der deutschen Nation. Im Gegenteil: Die Annexion ist ein weiterer Schritt Hitlers zur Zerreißung des Volkes, zur Entfesselung des Weltkrieges, der zur Katastrophe für das deutsche Volk werden muss. Die Annexion Österreichs steht daher im schärfsten Gegensatz zu den wahren Anschauungen unseres deutschen Volkes und zu den wahren Interessen der deutschen Nation, die den Krieg hasst und den Frieden liebt.*“ Die Erklärung schließt mit der Versicherung seitens der KPD, alle „*Anstrengungen gegen die Hitlerdiktatur zu verstärken, um dem schwergeprüften österreichischen Volke in seinem Kampf um Freiheit und Selbstbestimmungsrecht Beistand zu leisten. In diesem Kampf steht das deutsche und österreichische Volk Schulter an Schulter gegen den gemeinsamen Feind.*“[53]

Auch die sowjetische KPdSU und die Kommunistische Internationale (Komintern), deren Generalsekretär Georgi Dimitroff als ehemaliger Komintern-Beauftragter für Österreich bestens über die österreichische Frage informiert war, schlossen sich dem Standpunkt der KPÖ und KPD an. Man kann Dimitroff sogar eine Beteiligung an dieser Positionsfindung zuerkennen. Franz West etwa schreibt, dass Dimitroff schon im Mai 1936 „*dafür eintrat, dass die KPÖ unbedingt die Losung der demokratischen Republik aufstellen solle und ‚zugleich die Frage des Kampfes für die nationale Selbständigkeit Österreichs gegen die von Hitler ausgehende Gefahr des Anschlusses, d.h. der Einverleibung Österreichs durch Deutschland, einschließen müsse'.*“[54]

[53] ZK der KPD: Für Deutschlands Freiheit und Unabhängigkeit Österreichs. In: Geschichte der deutschen Arbeiterbewegung, Berlin 1966, Bd. 5, S. 503f.
[54] West, Franz: Die Linke im Ständestaat Österreich. Wien 1978, S. 251

Widerstand und Befreiung

Die Tatsache, dass vor allem die kommunistische Weltbewegung und insbesondere die staatliche Macht der Arbeiterklasse, die UdSSR, hinter den österreichischen Kommunisten standen, sollte noch von historischer Bedeutung sein. Während die Westalliierten der Anti-Hitler-Koalition andere Pläne im süddeutschen und österreichischen Raum verfolgten, unterstützte die Sowjetunion den nationalen Freiheitskampf in Österreich und das Ziel der Wiederherstellung der staatlichen Souveränität Österreichs.

Hierfür war wiederum von entscheidender Bedeutung, dass die österreichischen Kommunisten 1938 – im Gegensatz zum Großteil der Sozialdemokratie und des christlichsozialen bzw. austrofaschistischen Lagers – nicht bereit waren, zu kapitulierten. Noch am Tag des deutschen Einmarsches, am 12. März 1938, äußerte sich KPÖ-Vorsitzender Koplenig: „*Für das österreichische Volk ist der Kampf um seine Unabhängigkeit nicht zu Ende. Es wird niemals eine ihm aufgezwungene Fremdherrschaft anerkennen. So schwer sich auch in der nächsten Zeit sein Schicksal gestalten mag, der Kampf für die Freiheit und Unabhängigkeit Österreichs wird aufs Neue entbrennen.*“[55]

Die österreichischen Kommunisten definierten in Übereinstimmung mit den Thesen der Komintern zur Volksfrontpolitik[56] und unter Anwendung der Arbeiten Alfred Klahrs zur nationalen Frage in Österreich den Kampf gegen den Nationalsozialismus als nationalen Freiheitskampf des österreichischen Volkes. Das Zentralkomitee der KPÖ veröffentlichte nach der Okkupation einen historischen Aufruf an die österreichische Bevölkerung:

„*Volk von Österreich!*“, hießt es darin. „*Wehre Dich, leiste Widerstand den fremden Eindringlingen und ihren Agenten. Schließt Euch zusammen, nun erst recht, zur Front aller Österreicher. Alle Unterschiede der Weltanschauung, alle Parteiunterschiede treten zurück vor der heiligen Aufgabe, die heute dem österreichischen Volk gestellt ist! Zusammenstehen gegen Hitler, zusammenstehen, um Hit-*

---

[55] Koplenig, Johann: Trotz alledem: Österreichs Volk kämpft weiter für seine Unabhängigkeit! In: Reden und Aufsätze 1924-1950, Wien 1951, S. 95

[56] vgl. Koplenig, Johann: Einheits- und Volksfront. In: Reden und Aufsätze 1924-1950, Wien 1951, S. 71-80

lers Soldateska aus Österreich wieder hinauszujagen! ... Volk von Österreich! Wehre Dich, mach die Losung zur Tat. Rot weiß-rot bis in den Tod!“[57]

Willi Weinert schreibt zur Position der KPÖ im Jahr 1938: „*Als die Hauptaufgaben, die vor dem österreichischen Volk, der österreichischen Arbeiterklasse und der KPÖ stehen würden, nannte die Partei den Kampf gegen die Fremdherrschaft, die wirtschaftliche Ausplünderung, die Kriegspolitik, die Kulturbarbarei und den Antisemitismus. Die fünf Forderungen lauteten: 1. Kampf gegen die Fremdherrschaft und für die Selbstbestimmung und Selbstverwaltung des österreichischen Volkes. – 2. Kampf für die demokratischen Rechte des Volkes durch die Wahl von Betriebsvertrauensleuten, von Bauernvertretern, Forderung nach Kontrolle durch das österreichische Volk und nach Selbstbestimmung. – 3. Kampf gegen die wirtschaftliche Ausplünderung des Landes, gegen die Verschlechterung der Lebenslage, die Zwangswirtschaft und den wirtschaftlichen Raub an Österreich. – 4. Kampf gegen die Kriegspolitik des deutschen Faschismus. Aufklärung der Volksmassen über seine Kriegspläne und Kriegsziele. Keine Konzessionen in der nationalen Frage, Aufklärung, dass der Hitlerfaschismus das österreichische und deutsche Volk nicht einer schöneren Zukunft, sondern einer Kriegskatastrophe entgegenführt. – 5. Kampf gegen die Kulturbarbarei und den Antisemitismus, gegen die Lügenpropaganda in Rundfunk und Presse, gegen die nationalsozialistische Verhetzung, Verrohung und Verdummung. Die breiten Volksmassen sind davon zu überzeugen, dass der Schutz der jüdischen Mitbürger ein unbedingt notwendiger Bestandteil des antifaschistischen Kampfes ist.*“[58]

Wie schon zuvor die jahrelangen Versuche, eine nachhaltige Einheitsfront mit den „Revolutionären Sozialisten“ zu schaffen, erbrachten auch die Versuche der Schaffung einer tatsächlichen Volksfront bestenfalls Teilerfolge. So trug die KPÖ, die jedoch im Gefolge der Februarkämpfe 1934 (und damit unter äußerst schwierigen Bedingungen) durchaus zu einer Partei mit Masseneinfluss geworden war und der sich auch viele ehemalige Sozialdemokraten angeschlossen hatten, in den folgenden Jahren bis 1945 die Hauptlast des antifa-

---

[57] Aufruf des ZK der KPÖ zur Annexion. In: Fürnberg, Friedl: Österreichische Freiheitsbataillone – Österreichische Nation, Wien 1975, S. 66

[58] Weinert, Willi: „Ich möchte, dass sie Euch alle immer nahe bleiben…“. Wien 2005, 2. Auflage, S. 9f.

schistischen und nationalen Freiheits- und Widerstandskampfes in Österreich, sei es in der Illegalität, im Partisanenkampf oder später, gegen Kriegsende, im Rahmen der österreichischen Freiheitsbataillone innerhalb der jugoslawischen Partisanenarmee.[59] Somit ist es abermals vor allem den österreichischen Kommunisten zu verdanken, dass der in der Moskauer Deklaration – zu dieser kommen wir unten – geforderte eigene Beitrag Österreichs zu seiner Befreiung im gesamtgesellschaftlichen Maßstab und vor dem Hintergrund des europäischen Kriegsverlaufes zwar bloß im geringen, aber politisch im durchaus relevanten Ausmaß erbracht wurde.

Im internationalen Maßstab ist es freilich das unsterbliche Verdienst der Roten Armee der UdSSR, den Großteil Ost- und Mitteleuropas vom Faschismus befreit zu haben – auch die entscheidenden Teile Österreichs. Und es ist dem politischen und theoretischen Wirken führender österreichischer Kommunisten im Moskauer Exil zu verdanken, dass sich gerade die siegreiche UdSSR für die Wiederherstellung Österreichs einsetzte – und sich mit diesem Anliegen auch gegen die ausdrücklichen Ziele Großbritanniens und der USA durchsetzen konnte. Dass sich die KPdSU hinter den Standpunkt der KPÖ stellte, „*hatte eine große Bedeutung*“, schreibt Fürnberg, „*und war Grundlage dafür, dass es die Sowjetunion war, die 1943 den Verbündeten eine Erklärung für die Wiederherstellung der Unabhängigkeit [Österreichs] vorschlug. Sie ist als Moskauer Erklärung über Österreich in die Geschichte eingegangen. Es ist keine Übertreibung, wenn man sagt, dass die Vorarbeit der KPÖ für diesen ersten Schritt zur Wiederherstellung eines selbständigen Österreich mitbewirkt hat.*“[60]

Während die österreichischen und deutschen Sozialdemokraten weiterhin an ihre völkisch-idealistische „Schicksalsgemeinschaft“ glaubten und das Londoner Exil-Büro der SDAP/SPÖ entsprechend Einfluss auf die kommende Nachkriegsordnung zu nehmen versuchte, konnte Koplenig 1943 die Moskauer Deklaration auch dementsprechend als verdientes Ergebnis eigener Bemühungen willkommen heißen: „*Uns wurde eine große Chance gegeben. Es liegt an uns, sie zu nützen. Die Zeit der Halbheiten ist vorbei ... Nur ein Volk, das*

---

[59] vgl. Weinert, Willi: Der Widerstandskampf der KPÖ. In: Die KPÖ – Beiträge zur ihrer Geschichte und Politik, Wien 1989, 2. Auflage, S. 299-321

[60] Fürnberg. Friedl: Österreichische Freiheitsbataillone – Österreichische Nation. Wien 1975, S. 47

von leidenschaftlichem und kämpferischem Patriotismus erfüllt ist, wird seine Unabhängigkeit erobern. Nur ein Volk, das bereit ist, für seine Freiheit Opfer zu bringen, ist imstande, seine Ketten zu brechen und den Sieg zu erringen."[61]

Was stand in dieser Deklaration? In ihr erklärten die Außenminister der USA, Großbritanniens und der UdSSR, ihre Regierungen seien „*darin einer Meinung, dass Österreich, das erste freie Land, das der typischen Angriffspolitik Hitlers zum Opfer fallen sollte, von deutscher Herrschaft befreit werden soll ... Sie erklären, dass sie wünschen, ein freies, unabhängiges Österreich wieder errichtet zu sehen ... Österreich wird aber auch daran erinnert, dass es für die Teilnahme am Kriege an der Seite Hitler-Deutschlands eine Verantwortung trägt, der es nicht entrinnen kann, und dass anlässlich der endgültigen Abrechnung eine Bedachtnahme darauf unvermeidlich sein wird, wie viel es selbst zu seiner Befreiung beigetragen haben wird.*"[62]

Im Sinne dieser Deklaration erfolgte am 27. April 1945 die Unabhängigkeitserklärung Österreichs von Deutschland. Sie wurde unterzeichnet von Vertretern der demokratischen Parteien, der SPÖ, der KPÖ und der ÖVP, der Nachfolgeorganisation der CSP. Die endgültige Befreiung Österreichs ließ aber bis zur bedingungslosen Kapitulation der deutschen Wehrmacht am 8. und 9. Mai 1945 auf sich warten. Bis zu diesen Tagen wurde die Rote Armee in Niederösterreich in Kämpfe verwickelt. Wien war bereits am 13. April, nach verlustreichen Kämpfen, von ihr befreit worden.

In Erinnerung an diese Kämpfe steht am Wiener Schwarzenbergplatz das große Heldendenkmal der Roten Armee. Die Inschrift auf der Steintafel vor dem Monument lautet: „*Denkmal zu Ehren der Soldaten der Sowjetarmee, die für die Befreiung Österreichs vom Faschismus gefallen sind. April 1945.*" Am oberen Rand der Kolonnade steht in russischer Sprache: „*Ewiges Heil den Helden der Roten Armee, die gefallen sind im Kampf gegen die deutsch-faschistischen Landräuber, für die Freiheit und Unabhängigkeit der Völker Europas.*" Bei der Enthüllung dieses Denkmals am 19. August 1945 meinte der sozialdemokratische Kanzler Karl Renner: „*Die späteren*

---

[61] Koplenig, Johann: Nach der Moskauer Deklaration der Großmächte. In: Reden und Aufsätze 1924-1950, Wien 1951, S. 98

[62] zitiert nach: Spira, Leopold: 20 Jahre – Wohin geht Österreich? Wien 1965, S. 31

Geschlechter werden in Andacht erschauernd erkennen: Die kühnen Heldentaten der Roten Armee, die heilige Opferbereitschaft der Sowjetsoldaten und die meisterhafte Führung ihres Generalissimus Stalin haben das fluchwürdige Regime des völkervernichtenden Nationalsozialismus beseitigt ... Felsenfest wie dieses Denkmal ist unser Vertrauen und unsere unvergängliche Dankbarkeit für die Rote Armee.“[63]

[63] zitiert nach: Spira, Leopold: 20 Jahre – Wohin geht Österreich? Wien 1965, S. 48

Ganz so weit her war es mit der von Renner beschworenen Dankbarkeit dann allerdings auch wieder nicht. „*Sichtbarmachung war dem Wiener schon immer zuwider*“, stellte der Künstler Alfred Hrdlicka 1975 fest. „*Eine Sowjetdelegation, die eigens zu einer Kranzniederlegung am ‚Russendenkmal' angereist kommt, erregt nur sein Kopfschütteln. Das schlichte Faktum, dass nun einmal Russen für Wien und nicht Wiener für Moskau gestorben sind, geht ihm nicht in den Kopf. Die Geburtshilfe der Sowjetunion, der man nachsagt, sie sei der Feind Nummer Eins der westlichen Demokratie, zählt zu unseren großen Verdrängungen, und so sind wir staatlich verpflichtet, weil wir es aus freien Stücken sicher nicht täten, das ‚Russendenkmal' am Schwarzenbergplatz stehen zu lassen. Ich finde das grotesk.*“[64]

Der politische Hintergrund einer solchen Entwicklung im Nachkriegsösterreich bestand in einer Umorientierung auf einen neuen Hauptfeind, die auf internationaler Ebene vollzogen und in Österreich von der ÖVP und SPÖ natürlich nachvollzogen wurde: „*Als im April 1945 die Rote Armee in Wien einmarschierte, bestand die Hoffnung, man würde nun in Österreich nicht nur die faschistische Form, sondern den imperialistischen Kapitalismus insgesamt überwinden können. Zwei Dinge standen dem im Wege: einerseits war die wieder gegründete österreichische Sozialdemokratie (SPÖ) nicht über Nacht zur revolutionären Partei geworden – im Gegenteil, nach 1945 wurde seitens der SPÖ jede sozialistische Perspektive endgültig über Bord geworfen; andererseits eröffnete der imperialistische Westblock sofort die Front gegen den Sozialismus und die volksdemokratischen Bewegungen in Osteuropa. Das Hauptanliegen der ehemaligen Verbündeten der Sowjetunion in der Anti-Hitler-Koalition wurde nun schlagartig wieder der Antikommunismus. In Österreich führte die antikommunistische sozialdemokratisch-bürgerliche Front dazu, dass die KPÖ recht bald aus der Regierung ausschied und den Hetz- und Lügenkampagnen der bürgerlichen und sozialdemokratischen Regierungen wenig entgegenzusetzen hatte. Die defensive Seite des Antikommunismus ist diejenige, dass konsequenter Antifaschismus zutage gebracht hätte, dass nur der herrschende Monopolkapitalismus die Grundlage, ja der Grund für den*

[64] Hrdlicka, Alfred: Trau keinem über dreißig. In: West, Arthur (Hg.): Linkes Wort für Österreich, Wien 1985, S. 242f.

Faschismus ist. Somit bedeutet konsequenter Antifaschismus unweigerlich Antiimperialismus, Antimonopolismus und letztlich Antikapitalismus – das war den imperialistischen Siegermächten durchaus bewusst und deshalb wich der Antifaschismus bald wieder dem Antikommunismus."[65]

Reinhard Kühnl argumentiert ähnlich – am Beispiel der BRD – und führt die Umorientierung auf die imperialistische Hegemonialmacht, die USA, zurück: „*In der Weltpolitik der USA hatte sich die Konzeption durchgesetzt, dass die Politik der Kooperation mit der Sowjetunion, wie sie während des Krieges betrieben worden war, nicht fortgesetzt werden sollte. Nun sei eine Politik der Konfrontation angemessen, eine Politik des Kalten Krieges, der Stärke. Das bedeutete natürlich auch, dass sich das politisch-ideologische Klima in der BRD veränderte. Jetzt ist die ideologische Hauptaufgabe nicht mehr, dass man sich von dem Makel zu befreien hat, man habe dem Faschismus gedient. Sondern die Hauptaufgabe ist nun der Kampf gegen die Linke, der Kampf gegen alles, was mit Sozialismus, Marxismus, Gefährdung der Privatwirtschaft zu tun hat.*" – Dieses politische Ziel wurde auch mit einer „wissenschaftlichen Theorie" unterlegt, nämlich mit der bereits erwähnten Totalitarismusdoktrin, wie Kühnl an selbiger Stelle weiter beschreibt: „*Diese Entwicklung hatte starke Auswirkungen auch auf die wissenschaftliche Diskussion über den Faschismus. Jetzt wird nämlich zur herrschenden Theorie die Totalitarismusthese, deren Hauptaussage ist: Rot = Braun, dem Wesen nach seien Faschismus und Kommunismus, rechter und linker Extremismus dasselbe. Scheinbar wird damit ein Teil der antifaschistischen Tradition ideologisch übernommen. Man grenzt sich gleichermaßen gegen rechten und linken Extremismus ab. Real allerdings ist es so gewesen, dass sich im Schutze der Totalitarismusdoktrin die Wiedereinsetzung alter nazistischer Führungsschichten vollzog, d.h. real hat sich diese Theorie nur gegen Linke gerichtet. Die Totalitarismusdoktrin erlangt dann fast den Status einer offiziellen Staatsideologie, wird festgelegt und verbindlich gemacht auch für den Unterricht an den Schulen.*"[66]

Auf internationaler Ebene markieren die Umorientierung des westlichen Imperialismus ab 1945 u.a. der Marshallplan, an dem auch

---

[65] Zenker, Tibor: Die kommunistische Bewegung in Österreich. In: offen-siv (Hg.): Niederlagenanalyse, Hannover 2007, S. 331

[66] Kühnl, Reinhard: Der Faschismus. Heilbronn 1983, S. 140

Österreich teilnahm (damit in Zusammenhang steht der Oktoberstreik 1950[67], der von der SPÖ- und ÖGB-Führung bis heute zum kommunistischen Putschversuch umgelogen wird und Anlass antikommunistischer „Säuberungen" war), die Wiederbewaffnung der BRD, die Gründung der NATO, später der westeuropäischen Gemeinschaften EGKS, EAG und EWG (EG). Bezüglich militärischer Auseinandersetzungen ist sie u.a. festzumachen am Griechischen Bürgerkrieg, am Koreakrieg oder an den Kriegen des französischen und US-Imperialismus in Südostasien sowie an der gesamten US-Interventionspolitik in Lateinamerika. Indem der Imperialismus zum konzentrierten Kampf gegen den Weltsozialismus und antiimperialistische Befreiungsbewegungen überging, musste er sich eben auch mit seinem eigenen Kind, dem Faschismus, aussöhnen.

So ist es auch bezeichnend, dass die DDR, der bis dato einzige konsequent antifaschistische deutsche Staat, liquidiert werden sollte (und letztlich auch wurde), während in der BRD die faschistischen, ehemals nationalsozialistischen Elemente in Politik, Wirtschaft und Gesellschaft schnell wieder in Amt und Würden waren. Man muss sich das einmal vor Augen halten: Die BRD ist bis heute ein Staat, in dem 1956 die KPD, die vehement und opfervoll gegen den Faschismus gekämpft hatte, verboten wurde, während die neofaschistische NPD seit 1964 legal wirken kann und in deutschen Landtagen sitzt.

In Österreich machte man es sich mit dem Antifaschismus ebenfalls besonders „leicht". Der eigene, autochthone österreichische Faschismus, für den die Christlichsozialen die Verantwortung trugen, wurde und wird einfach weitgehend unter den Teppich gekehrt bzw., bevorzugt von der ÖVP, sogar zum heldenhaften antinationalsozialistischen Abwehrkampf umgedeutet. Die SPÖ leistet dem Ansinnen einer Verharmlosung des Austrofaschismus durch die Anerkennung einer angeblich „geteilten Schuld" an der politischen Eskalation in den 1920er und 30er Jahren auch noch Vorschub, und so feiert die Dollfuß-Folklore in der ÖVP bis heute fröhliche Urstände. Es ist von gravierender Einzigartigkeit in einer bürgerlich-demokratischen Republik, dass ein faschistischer Diktator von einer der beiden „staatstragenden" Großparteien gefeiert wird.[68]

---

[67] vgl. Die KPÖ – Beiträge zu ihrer Geschichte und Politik. Wien 1989, 2. Auflage, S. 378-381

[68] vgl. Zenker, Tibor: Was ist Faschismus? Wien 2006, S. 157ff.

Und auch die Entnazifizierung war in Österreich unterm Strich, wenn man nicht nur die unmittelbare Nachkriegszeit in Betracht zieht, während der diese im internationalen Vergleich durchaus ernsthaft betrieben worden war, letztlich mehr als mangelhaft; dies gilt in juristischer[69], gesellschaftlicher und politischer Hinsicht. Bezüglich des letztgenannten Bereichs ist besonders beschämend, in welcher Weise SPÖ und ÖVP bald nach Kriegsende um ehemalige Nationalsozialisten buhlten. Bereits 1949 konnten zudem die deutschnationalen, zum Gutteil ehemals nationalsozialistischen Kräfte mit dem „Verband der Unabhängigen" (VdU) ihre eigene politische Bewegung gründen, die auch prompt zur Nationalratswahl zugelassen wurde. 1955 ging aus dem VdU die FPÖ hervor.

Dass das antifaschistische Bewusstsein in Österreich minimiert wurde, hatte seinen Grund auch in der Reduzierung auf die „Opferrolle" Österreichs 1938-1945. Tatsächlich war in der weiter oben zitierten Moskauer Deklaration ja die Rede vom „Opfer Österreich", das unter der Eroberungspolitik Hitlers zu leiden gehabt hätte. Das stimmt auch. Aber ebenso berechtigt wurde in der Moskauer Deklaration auf die Mitverantwortung Österreichs für die Verbrechen und Aggressionen des NS-Faschismus hingewiesen. Von dieser Mitverantwortung ist im Staatsvertrag vom 15. Mai 1955, der die formelle Wiederherstellung der österreichischen Souveränität bedeutete, keine Rede mehr. In dieser reinen Opferrolle machten es sich in den folgenden Jahrzehnten SPÖ und ÖVP bequem, was freilich seine Auswirkungen auf das gesellschaftliche Bewusstsein hatte.

Faktum ist aber – wir haben es besprochen –, dass die NS-Herrschaft in Österreich durch eine partielle Machtübernahme österreichischer Nationalsozialisten, die über eine reine Kollaborationstätigkeit hinausging, ergänzt wurde. Auch war der prozentuelle Anteil der Österreicher in der NSDAP zwischen 1938 und 1945 höher als ihr Anteil an der Gesamtbevölkerung im Deutschen Reich. Nach 1945, als die österreichischen NSDAP-Mitglieder registriert wurden, betraf dies 540.000 Menschen, die Gesamtzahl dürfte aber annähernd 700.000 betragen haben. Die Österreicher machten bloß 8% der Bevölkerung des Deutschens Reiches aus, stellten jedoch 14% der SS-Mitglieder und auch überdurchschnittlich viele Kommandanten

---

[69] vgl. Kuretsidis-Haider, Claudia/Garscha, Winfried (Hg.): Keine „Abrechnung" – NS-Verbrechen, Justiz und Gesellschaft in Europa nach 1945. Leipzig, Wien 1998

und Personal in den deutschen Konzentrationslagern; nicht zuletzt Adolf Eichmann umgab sich bevorzugt mit Österreichern, etwa 70% seines Stabes waren österreichischer Herkunft.[70] Einige der übelsten NS-Verbrecher waren Österreicher, darunter Ernst Kaltenbrunner, Arthur Seyß-Inquart, Alois Brunner oder Aribert Heim, auch Eichmann begann seine NS-Karriere in Oberösterreich. Nicht zuletzt hat Österreich natürlich auch Adolf Hitler selbst hervorgebracht.

Aber nach Kriegsende 1945 gab es in Österreich nicht nur schlagartig keine Nazi-Sympathisanten mehr, sondern plötzlich war auch niemand mehr deutschnational ausgerichtet. „*Zunächst*", schreibt Fürnberg, „*gebärdeten sich 1945 alle als österreichische Patrioten. Jetzt stimmten sie der Moskauer Erklärung der Alliierten vom Jahre 1943 zu, die sie früher bekämpft hatten. Renner tat so, als ob er niemals von etwas anderem geträumt hätte als von einem selbständigen, unabhängigen Österreich.*"[71] – Die erstaunliche Anpassungs- und Wandlungsfähigkeit Karl Renners wurde bereits illustriert.

Gleiches galt aber auch für den damaligen SPÖ-Vorsitzenden Adolf Schärf und für die ehemaligen austrofaschistischen Funktionäre Leopold Figl und Julius Raab, die in diesen Jahren die Geschicke der ÖVP leiteten. Die Zurückstellung deutschnationaler Ziele hatte opportunistischen Charakter. In der Praxis wurde die Unterzeichnung des Staatsvertrages hintertrieben, die Neutralitätserklärung Österreichs, von der UdSSR und der KPÖ vorgeschlagen, wurde von SPÖ und ÖVP mit antikommunistischer Propaganda lange abgelehnt, ehe sich 1955 ein gewisser Pragmatismus durchsetzte. „*Schon im April 1953*", schreibt Helmut Zenker in einem Roman zur österreichischen Zeitgeschichte, „*haben die auf der Liste der Volks-Opposition [Liste der KPÖ, Anm. T.Z.] gewählten Abgeordneten im Nationalrat einen Antrag eingebracht, in dem die strikte Neutralität Österreichs gefordert wird. Der Antrag wurde damals von den Abgeordneten der ÖVP, der SPÖ und des VdU abgelehnt. Die VdU-Abgeordneten sprachen von Hochverrat. Die Argumentation gegen die geforderte Neutralitätspolitik, die sich schließlich auch in den Regierungsparteien durchsetzt, ist in dieser Zeit das Hauptinteresse des VdU.*"[72]

---

[70] vgl. Weiss, John: Der lange Weg zum Holocaust. Berlin 1998, S. 241f.

[71] Fürnberg, Friedl: Österreichische Freiheitsbataillone – Österreichische Nation. Wien 1975, S. 51

[72] Zenker, Helmut: Kassbach. München 1988, S. 84

Die deutschnationale Position ist in Österreich nicht verschwunden. Am markantesten kommt sie – wenn wir explizit neofaschistische Kleinst- und Splittergruppen einmal beiseite lassen – freilich im entsprechenden „dritten Lager" durch, bei der FPÖ oder etwaigen Abspaltungen und Vorfeldorganisation. Jörg Haider, damals Frontmann der FPÖ, sagte am 18. August 1988 in einem Interview im ORF-Fernsehen: „*Das wissen Sie so gut wie ich, dass die österreichische Nation eine Missgeburt gewesen ist, eine ideologische Missgeburt, denn die Volkszugehörigkeit ist die eine Sache, und die Staatszugehörigkeit ist die andere Sache, und wenn man es jemandem freistellt, sich als slowenischer Österreicher zu bekennen, als ungarischer, als kroatischer, dann muss es auch möglich sein, sich als deutscher Österreicher zu bekennen. Und das ist auch das, was in unserem Programm formuliert ist.*"[73] – Deutlicher geht es kaum, und Haider ist auch nicht darum verlegen, die Frage nationaler Minderheiten auf den Kopf zu stellen.

Faktum ist, dass die deutschnationale Position im heutigen Österreich jedoch in der Tat eine Minderheitenmeinung ist. Gerade die Jahre der NS-Herrschaft in Österreich haben – ganz gegenteilig zur Intention – zur Ablehnung der deutschnationalen Position und zur Herausbildung des österreichischen Nationalbewusstseins sogar ganz massiv beigetragen, wie Ernst Fischer bereits im Jahre 1946 richtig in Aussicht stellte: „*Die unauslöschliche Erfahrung, was der Verlust der Unabhängigkeit, der ‚Anschluss' Österreichs an den deutschen Imperialismus bedeutete, wird entscheidend zur Konstituierung der österreichischen Nation, zur Entstehung und Festigung eine gesunden Nationalbewusstseins beitragen.*"[74]

Ebenso konnte Fürnberg 1975 in seiner bereits mehrmals zitierten Schrift abschließend feststellen, dass „*im österreichischen Volk das Nationalbewusstsein im Steigen begriffen [ist]. Die große Mehrheit der Menschen in Österreich will die Unabhängigkeit und Neutralität ihres Landes, ja sie erscheint den meisten Menschen heute sogar als Selbstverständlichkeit. Sie können kaum verstehen, dass es einmal anders war, dass seinerzeit die führenden Männer an der Spitze des Staates (Erste Republik) diesen nicht wollten und ihn als lebensunfähig erklärten. Man muss aber daran und an die bewusst unklare*

---

[73] zitiert nach: TATblatt, Nr. 183, 14.3.2002

[74] Fischer, Ernst: Österreich 1848. Wien 1946, S. 19

Haltung der heutigen politischen Führer erinnern: Denn es bestehen für die Unabhängigkeit Österreichs, für die österreichische Nation immer noch Gefahren im Innern und von außen her."[75]

Seit dieser Einschätzung und diesem Ausblick Fürnbergs sind abermals mehr als drei Jahrzehnte vergangen. Beide Seiten seiner Betrachtung haben sich bestätigt. Das österreichische Nationalbewusstsein hat sich in der Zweiten Republik zweifellos gefestigt. Ernst Wimmer schreibt über die sozialen und ökonomischen Faktoren dieses Prozesses: „*Das Zusammenwachsen zur organischen Einheit durch Industrialisierung wichtiger Regionen, durch Veränderung der Strukturen – es ist ebenso wie der Beweis der Lebensfähigkeit innerhalb dieser staatlichen Grenzen eigentlich erst in der Zweiten Republik erfolgt. Die Erfahrungen der Jahre nationaler Unterjochung durch den deutschen Faschismus, die ökonomischen Wandlungen in der Zweiten Republik, die Bekräftigung der Eigenstaatlichkeit durch die Neutralität – sie alle haben zur Entstehung eines Selbstbewusstseins beigetragen, das es früher in dieser Bestimmtheit nicht geben konnte. Betrachtet man die Nation funktional als System von Kommunikationen, ist festzustellen: Dieses Netz von Verbindungen und Bindungen ist innerhalb des Territoriums unvergleichlich dichter geworden.*" Und Wimmer stellt daher über die Österreicher fest: „*Es wäre anachronistisch, sie für eine deutsche Nationalität zu reklamieren. Auch hier gilt wohl: Nationale Bindungen sind nicht eine bloße Fortsetzung früherer ethnischer Gemeinsamkeiten. Sie ergeben schließlich qualitativ Neues, in unserem Fall eine österreichische Nationalität.*"[76]

Dennoch ist obige Warnung Fürnbergs vor immer noch vorhandenen Gefahren für die Unabhängigkeit Österreichs aktuell geblieben. Dieser Frage wollen wir uns daher abschließend widmen.

---

[75] Fürnberg, Friedl: Österreichische Freiheitsbataillone – Österreichische Nation. Wien 1975, S. 55

[76] Wimmer, Ernst: Nation und Nationalität. In: Weg und Ziel, Sondernummer, Dezember 1979

Die österreichische Souveränität heute

Auch heute bleibt die Souveränität Österreichs bedroht, nun auf anderen Wegen. Die Unterordnung unter die Entscheidungen der Europäischen Union (EU) bedeuten letztlich immer die Unterordnung unter die Interessen der mächtigsten imperialistischen Staaten der EU – somit v.a. erstrecht wieder unter jene Deutschlands, d.h. des deutschen Imperialismus, des deutschen Monopolkapitals.

Mit dieser Unterordnung in politischer, ökonomisch-sozialer und militärischer Hinsicht ist ein Souveränitätsverlust Österreichs verbunden, ein Verlust an demokratischen Rechten der Bevölkerung, der schleichende Verlust der Neutralität und der Verlust des öffentlichen, staatlichen Eigentums; letzteres nicht zuletzt zugunsten deutscher Großkonzerne, Banken und Versicherungen, wie dies bereits 1938 der Fall war – und zum Teil sogar wieder an genau dieselben Unternehmen wie damals. Ein anderes Déjà-vu betrifft z.B. die Unterordnung der österreichischen Nationalbank (OeNB) unter die jeder demokratischen Kontrolle entzogene Europäische Zentralbank der EU (EZB) und die damit verbundene Auslieferung eines Anteils der Gold- und Devisenreserven der OeNB an die Frankfurter EZB, welche diese offiziell jedoch „nur" hält und verwaltet, ohne Eigentümerin zu sein.

Vor diesem Hintergrund wird bereits deutlich: Möchte man tatsächlich – und nicht nur in schönen Worten – für die demokratischen und sozialen Rechte der österreichischen Bevölkerung kämpfen, so muss man auch heute für die Souveränität Österreichs eintreten.

Johann Koplenig sagte am 14. Parteitag der KPÖ 1948: „*Die Ausbeuterklassen und ihre rechtssozialistischen Mitarbeiter, sie geben mit der nationalen Souveränität auch die Möglichkeit preis, den breiten Massen zum Wohlstand zu verhelfen. Denn nur die Unabhängigkeit und Souveränität und die Ausschaltung des Diktats der ausländischen Kapitalisten gibt die Möglichkeit, die Reichtümer unseres Landes zum Besten des Volkes zu verwerten. Und die Kommunistische Partei verteidigt mit den Lebensinteressen der breiten Massen und vor allem der Arbeiterschaft auch die Freiheit und Unabhängigkeit des Landes. Es ist entscheidend für jeden Kommunisten, diesen Zusammenhang zwischen dem Kampf für die sozialen Interessen und dem Kampf für die Souveränität des Landes zu be-*

greifen ... Der Kampf für die Interessen des werktätigen Volkes ist daher gleichzeitig ein Kampf für die nationale Souveränität.“[77]

Die Souveränität Österreichs gefährdet – ebenso wie 1938 oder 1948 – der Imperialismus als System. In Österreich ist der imperialistische Hauptwiderspruch gegenwärtig durch die Existenz der EU und Österreichs Mitgliedschaft in derselben markiert, und dies ist auch der Rahmen der nationalen Frage in Österreich. Dementsprechend ist die Frage in Österreich gestellt: unabhängige und freie Selbstbestimmung und Entwicklung – oder Unterordnung unter den Imperialismus, was auch sein Form.

Die EU als imperialistisches Bündnis hat seitens der einzelnen imperialistischen Mitgliedstaaten unterschiedliche Zwecke. Seitens des deutschen Monopolkapitals ist die EU, spätestens seit der Annexion der DDR 1990 ganz offensiv, das zentrale Vehikel, um nun endlich das zu erreichen, was ihm im 20. Jahrhundert zweimal militärisch-gewaltsam nicht gelungen ist – nämlich die großdeutsche Neuordnung Europas.[78] Daran ist der preußische Hohenzollern-Militarismus 1914-1918 gescheitert, 1933-1945 der deutsche Hitler-Faschismus – beides waren zwei Formen derselben Sache, nämlich des Aggressions- und Expansionsdrangs des deutschen Imperialismus.

In der zweiten Hälfte des 20. Jahrhunderts und heute wurde und wird seitens der BRD versucht, die immer noch auf der Tagesordnung stehende großdeutsche Neuordnung „demokratisch“ und bloß politisch- und ökonomisch-gewaltsam sowie unter „europäischen“ Vorzeichen doch noch zu vollbringen. Das BRD-Monopolkapital hat sehr früh erkannt, dass EWG, EGKS, EAG, kurz: die EG (und heute eben die EU), hierfür zu instrumentalisieren sind. Ein Kollektiv von Wissenschaftlern in der DDR schrieb darüber: „*Der Imperialismus der BRD nutzt die internationalen staatsmonopolistischen Organisationen wie die EWG, um sich den Raum für die der wissenschaftlich-technischen Revolution entsprechende Expansion zu schaffen. Unter der Flagge der ‚Integration Europas' ist er bestrebt, innerhalb der EWG die Hegemonie zu erobern ... Unter diesen Bedingungen for-*

[77] Koplenig, Johann: Bericht an den 14. Parteitag. In: Reden und Aufsätze 1924-1950, Wien 1951, S. 140f.

[78] vgl. Zenker, Tibor: Von Berlin nach Stalingrad, Zwischenstation Brüssel – Die EU und die dritte großdeutsche Neuordnung Europas. In: Der Imperialismus der EU, Wien 2006, S. 23-34

cierten die Monopole der BRD ihre Expansion in die ökonomisch schwach entwickelten Länder."[79]

Völlig berechtigt warnte Leopold Spira daher schon 1965: „*Die Kommunisten waren und sind gegen jede Form des Anschlusses an die EWG, der ‚Österreich ungeschützt in den Sog der deutschen Wirtschaftsexpansion bringen würde', wie die ‚Arbeiter-Zeitung' am 11. Februar 1960 feststellte. Zur gleichen Schlussfolgerung kommen auch bürgerliche Kreise, denen klar ist, dass jede Bindung an die EWG eine Bedrohung der Unabhängigkeit und Neutralität Österreichs darstellt. In diesem Zusammenhang sei auch auf den Artikel 4 des Staatsvertrages verwiesen.*"[80] – Dieser Artikel 4 des Staatsvertrages von 1955 beinhaltet das Verbot jeder politischen oder wirtschaftlichen Vereinigung mit Deutschland.

Die Chance der großdeutschen „Europa"-Variante hat das „dritte Lager" in Österreich durchaus erkannt, dessen Ausrichtung in direkter Kontinuität zur großdeutschen und NS-Position deutschnational blieb, ja eben in Bezug auf Österreich in Wirklichkeit antinational, eben antiösterreichisch. Helmut Zenker schreibt darüber: „*Wenn von Nationalen gesprochen wird, sind stets Deutschnationale gemeint, die den Begriff der österreichischen Nation entschieden ablehnen und bekämpfen, auch wenn sie im österreichischen Parlament (Nationalrat) sitzen. In irgendeiner Form wollen sie immer den Anschluss an Deutschland: im letzten Jahrzehnt vor allem innerhalb der Europa-Propaganda.*"[81]

Es ist vor diesem Hintergrund eine Folgerichtigkeit, dass die erste Partei, die im österreichischen Nationalrat einen Antrag für die Aufnahme von Beitrittsgesprächen mit den damaligen Europäischen Gemeinschaften (EG) stellte, die FPÖ war, nämlich am 27. November 1987. Wenn die FPÖ heute scheinbar EU-kritisch eingestellt ist, dann handelt es sich um opportunistische Propaganda ohne inhaltliche Substanz, vergleichbar mit den angeblich „sozialrevolutionären" und „antikapitalistischen" Facetten der NSDAP, die real niemals vorhanden waren. Ebenso wie die NSDAP es charakterlich war, ist auch die FPÖ eine Partei (und in mehrfacher Hinsicht die Speerspitze) des Monopolkapitals; und dieses hat gegenwärtig Interesse an der

---

[79] Der Imperialismus der BRD. Berlin 1971, S. 82f.
[80] Spira, Leopold: 20 Jahre – Wohin geht Österreich? Wien 1965, S. 74
[81] Zenker, Helmut: Kassbach. München 1988, S. 78

EU-Mitgliedschaft Österreichs. – Eineinhalb Jahre nach dem erstmaligen Antrag der FPÖ hat das Parlament tatsächlich Beitrittsverhandlungen mit den EG beschlossen, dann, 1989, freilich unter Federführung der ÖVP und SPÖ.

Als mit 1. Januar 1995 der Anschluss Österreichs an die EU vollzogen wurde, waren Bedenken, wie sie Spira oben wiedergibt, – zumindest seitens der Sozialdemokratie und der Bürgerlichen – nicht mehr aktuell. Ein Hauptgrund hierfür war, dass mit dem Ende der UdSSR und der sozialistischen Staaten in Europa die österreichische Neutralität kontinuierlich als Anachronismus ausgegeben wurde – dies geschah zuerst seitens der ÖVP und der FPÖ, die SPÖ spielte letztlich den Steigbügelhalter. Völlig berechtigt wandten sich die KPÖ und linke Teile der Sozialdemokratie damals klar gegen den EU-Beitritt, aus demokratiepolitischen, sozialen und Neutralitätsgründen, kurz: aus antiimperialistischen Gründen, ob man sie nun explizit so betiteln wollte oder nicht.

Seither ist es mit der KPÖ auch ideologisch (weiter) bergab gegangen. Heutzutage kann man aus ihren Reihen und aus jenen anderer angeblich „linker“ Kräfte hören, die EU böte die Möglichkeit, den bürgerlichen Nationalstaat zu überwinden – innerhalb des Kapitalismus. Dahinter stehen im versierteren Fall ultraimperialistische Illusionen, die irgendwo zwischen Kautsky und Hardt/Negri angesiedelt sind, im Regelfall aber völlige ideologische Unbedarftheit und kleinbürgerlicher Kosmopolitismus. Es erinnert derartiges fatal an jene Behauptungen, die 1938 von Teilen der Sozialdemokratie vertreten wurden. Die „Revolutionären Sozialisten“ (RS) schrieben damals in ihrer Zeitschrift „Sozialistischer Kampf“ (Nr. 11/1938, S. 257) über die begonnene deutsch-faschistische Eroberungspolitik, d.h. über die Annexion Österreichs und der Zerschlagung der Tschechoslowakei: „*Durch den Sieg des Faschismus ist nun bereits in gewissem Sinne eine Vereinigung Europas angebahnt worden, und sie kann in Zukunft noch weiter gehen.*“[82] – Sehr treffend schrieb Alfred Klahr damals zu diesen Überlegungen: „*Der Sieg des Faschismus über Europa als Fortschritt zu einem sozialistischen Europa! Man weiß nicht, soll man eher lachen oder weinen über diese Ausgeburt eines sozialistischen Denkens.*“[83]

---

[82] zitiert nach: Fürnberg, Friedl: Österreichische Freiheitsbataillone – Österreichische Nation. Wien 1975, S. 50
[83] zitiert nach: ebd.

Ähnliches gilt für jene Linken in Österreich – innerhalb der heutigen „K“PÖ, der SPÖ-Jugend SJÖ oder anderweitig organisiert –, die nunmehr die EU-Mitgliedschaft Österreichs verteidigen, ja als geschichtlichen Fortschritt propagieren. So wie Otto Bauer, die SDAP und die RS früher behaupteten, eine sozialistische Revolution könne es nur im „gesamtdeutschen“, also großdeutschen Rahmen geben, so wird heute behauptet, eine sozialistische Transformation (von Revolution ist sowieso keine Rede) könne es nur im europäischen Rahmen, womit auch noch absurder Weise die EU identifiziert wird, geben. Hier wird der Gedanke des proletarischen Internationalismus regelrecht pervertiert und von den Füßen auf den Kopf gestellt, wie man auch bei Friedrich Engels hätte nachlesen können: „*Eine internationale Bewegung des Proletariats*“, schreibt Engels, „*ist überhaupt nur möglich zwischen selbständigen Nationen.*“[84] – Wir kommen darauf weiter unten zurück.

In Anlehnung an Klahr kann man zu den heutigen Verwirrungen der KPÖ-Bundespartei und der EU-„Linken“ fragen: Die Unterordnung Österreichs unter die Interessen des westeuropäischen, v.a. deutschen Monopolkapitals als positives Entwicklungsergebnis mit progressiven Entwicklungschancen in Richtung Sozialismus? Lachen oder weinen?

Ebenso wie es die Sozialdemokratie 1938 vertrat, wollen uns manche „Linke“ (im weitesten Sinn) heute weismachen, die Zeit nationaler Freiheitskämpfe sei vorbei. Heute ginge es darum, sich in einer internationalen Gemeinschaft einzufügen – dass dies im Rahmen des Imperialismus freilich Unterordnung unter die imperialistischen Großmächte bedeuten muss, erschließt sich diesen Leuten nicht. Franz West meinte angesichts der sozialdemokratischen Argumentation der 1930er Jahre, die folgenden Entwicklungen – und nicht zuletzt der Weltkrieg – hätten gezeigt, „*dass im Zeitalter imperialistischer Unterdrückung und Abhängigkeit die nationale Frage, die nationale Revolution gegen Fremdherrschaft absolut nicht der Vergangenheit angehört.*“[85] Im Imperialismus leben wir auch heute noch, die Feststellung Wests gilt nach wie vor. Wer dies nicht zur Kenntnis nimmt, verfehlt nicht nur die Kapitalismusanalyse, sondern entbehrt auch jeder Relevanz für eine Alternativbewegung.

---

[84] Engels, Friedrich: Brief an Kautsky (1882). In: MEW 35, S. 270
[85] West, Franz: Die Linke im Ständestaat Österreich. Wien 1978, S. 259

Gegenwärtig stehen abermals nur die österreichischen Kommunisten – seien sie heute in der Kommunistischen Jugend (KJÖ), im Kommunistischen StudentInnenverband (KSV), in den marxistischen Minderheiten der KPÖ oder in der Kommunistischen Initiative (KI) organisiert – unbeirrt für die demokratische Souveränität Österreichs ein. Sie lehnen die Mitgliedschaft Österreichs in der EU nach wie vor ab. Nur ohne die Fesseln der EU und damit des westeuropäischen, insbesondere des deutschen Monopolkapitals wird es in Österreich souveräne, demokratische, soziale, antiimperialistische und antimonopolistische Entwicklungsmöglichkeiten geben, die auf den Sozialismus gerichtet sind. Wer nicht für diese mögliche souveräne Emanzipation des werktätigen Volkes Österreichs eintritt, braucht auch nicht vom Sozialismus sprechen.

Doch bei aller Wichtigkeit der Verteidigung der österreichischen Souveränität und Unabhängigkeit gegenüber den imperialistischen Großmächten und vor allem gegenüber dem deutschen Imperialismus ist nicht zu vergessen, dass dies nur eine Seite der Medaille ist. Österreich ist als kleiner Staat tatsächlich in seiner Souveränität bedroht, es gibt jedoch auch einen durchaus effektiven eigenen österreichischen Imperialismus, der in Österreichs östlichen Nachbarländern und am Balkan sogar eine imperialistische Führungsrolle einnimmt.[86] Etwa in Slowenien und Kroatien, in Ungarn und in der Slowakei, aber zunehmend auch darüber hinaus spielt das österreichische Kapital – hier seinerseits mit Hilfe der EU – eine entscheidende Rolle bei der imperialistischen Ausplünderung dieser Länder und ihrer Unterdrückung.

Dieser Doppelcharakter Österreichs innerhalb des imperialistischen Systems ist unbedingt zu beachten, wenn man über die Souveränität, Freiheit und Emanzipation der österreichischen Nation spricht. Friedrich Engels brachte die Problematik und die implizite Aufgabenstellung auf den Punkt, indem er schrieb: *„Ein Volk, das andere unterdrückt, kann sich nicht selbst emanzipieren.“*[87]

Das bedeutet, dass die antiimperialistische Emanzipation Österreichs gegenüber den imperialistischen Großmächten der EU – strukturell zunächst bis zum EU-Austritt – sowie gegenüber den USA nur eine

---

[86] vgl. Zenker, Tibor: Stamokap heute. Wien 2005, 2. Auflage, S. 214-225 (Abschnitt 4.8., „Die Position des österreichischen Imperialismus“)
[87] Engels, Friedrich: Flüchtlingsliteratur. In: MEW 18, S. 527

Voraussetzung einer progressiven demokratischen und souveränen Entwicklung Österreichs ist. Sie ist aber zwecklos und ohne Perspektiven, wenn der eigene österreichische Imperialismus weiterhin gegenüber den Ländern und Nationen im Osten und Südosten Europas aufrechterhalten wird, denn, nochmals Engels: *„Eine Nation kann nicht frei werden und zugleich fortfahren, andre Nationen zu unterdrücken.“*[88] – Notwendig ist ja letztlich, mit dem System des Imperialismus zu brechen – und nicht, durch den EU-Austritt einen möglichst souveränen österreichischen Imperialismus zu schaffen[89]). Möchte man dies nach außen bewerkstelligen, dann müssen Entwicklungen im Inneren damit einhergehen. Die äußeren und inneren Bedingungen sind untrennbar miteinander verbunden.

Das heißt es bedarf auch im Inneren, in Österreich, der demokratischen und sozialen, der antimonopolistischen Emanzipation des werktätigen Volkes gegenüber dem Großkapital und dem Großgrundbesitz, gegenüber dem Finanzkapital. Dieses muss politisch und ökonomisch seiner Stellung beraubt werden, damit nachhaltige Veränderungen im Inneren und gegenüber anderen Nationen möglich sind. Auf diese Weise kann es möglich sein, über einen radikaldemokratischen, sozialen Prozess, der von einer tatsächlichen Volksbewegung getragen wird und womöglich über die Etappe der antimonopolistischen Demokratie führt, die Ausgangsbedingungen für den Kampf um den Sozialismus zu optimieren.[90]

Und dies ist auch das Modell für Europa, denn natürlich kann es nicht einfach darum gehen, dass bloß einzelne Staaten aus der EU austreten, sondern dass über den Austritt größerer Staaten oder einer ganzen Reihe von kleineren Staaten die EU als imperialistisches Bündnis letztlich zerschlagen wird.

Die von der EU befreiten, in ihrer Ausrichtung antiimperialistischen und antimonopolistischen Staaten und Nationen können sodann ein neues, ein gleichberechtigtes, demokratisches und friedliches Miteinander begründen. Auch in dieser Hinsicht gelten die Worte von Engels: *„Ein aufrichtiges internationales Zusammenwirken der eu-*

---

[88] Marx, Karl/Engels, Friedrich: Reden über Polen. In: MEW 4, S. 417

[89] vgl. Zenker, Tibor: Raus aus der EU… – und dann? In: Der Imperialismus der EU, Wien 2006, S. 99-116

[90] vgl. Zenker, Tibor: Antimonopolistische Demokratie und Sozialismus. In: offen-siv, Ausgabe 6/2007, S. 22-32

ropäischen Nationen ist nur möglich, wenn jede dieser Nationen im eigenen Haus vollkommen autonom ist."[91]

Diese Nationen hätten sodann die Möglichkeit, Seite an Seite und in einer gemeinsamen antiimperialistischen Front mit den abhängigen und unterdrückten Ländern und Nationen Asiens, Afrikas und Lateinamerikas konsequent weiter zur vollständigen Emanzipation zu schreiten, zur revolutionären Überwindung des Kapitalismus und zum Aufbau sozialistischer Gesellschaften. Gelingt das aber nicht, so wäre der Rückfall in die imperialistische Barbarei unausweichlich.

---

[91] Engels, Friedrich: Vorwort zum „Manifest der Kommunistischen Partei" (1892). In: MEW 22, S. 283

Literaturverzeichnis:

- Autorenkollektiv: Geschichte der deutschen Arbeiterbewegung. Berlin 1966
- Autorenkollektiv: Der Imperialismus der BRD. Berlin 1971
- Autorenkollektiv: Die Kommunistische Partei Österreichs – Beiträge zu ihrer Geschichte und Politik. Wien 1989, 2. Auflage
- Bauer, Manfred: Friedrich Adler – Rebell der Einheit. Wien 2004
- Bauer, Otto: Der Faschismus. In: Kliem, Kurt/Kammler, Jörg/Griepenburg, Rüdiger (Hg.): Faschismus und Kapitalismus, Wien 1967, S. 143-167
- Dimitroff, Georgi: Ausgewählte Werke in zwei Bänden. Frankfurt am Main 1972
- Engels, Friedrich: Flüchtlingsliteratur. In: Marx/Engels-Werke, Bd. 18, S. 519-567
- Engels, Friedrich: Vorwort zur zweiten polnischen Ausgabe des „Manifests der Kommunistischen Partei" (1892). In: MEW 22, S. 282-283
- Fischer, Ernst: Österreich 1848 – Probleme der demokratischen Revolution in Österreich. Wien 1946
- Fürnberg, Friedl: 50 Jahre – Die Sozialistische Oktoberrevolution und Österreich. Wien 1967
- Fürnberg, Friedl: Österreichische Freiheitsbataillone – Österreichische Nation. Wien 1975
- Garscha, Winfried/Hautmann, Hans: Februar 1934 in Österreich. Berlin 1984
- Garscha, Winfried: Die Tragödie des März 1938. In: Weg und Ziel, Wien, Ausgabe 1/1988, S. 16-19
- Gossweiler, Kurt: Aufsätze zum Faschismus. Köln 1988
- Holtmann, Everhard: Zwischen Unterdrückung und Befriedung – Sozialistische Arbeiterbewegung und autoritäres Regime in Österreich 1833-1938. Wien 1978
- Hrdlicka, Alfred: Trau keinem über dreißig. In: West, Arthur (Hg.): Linkes Wort für Österreich, Wien 1985, S. 237-244
- Kane, Leon: Robert Danneberg – Ein pragmatischer Idealist. Wien, München, Zürich 1980
- Klahr, Alfred: Zur österreichischen Nation. Wien 1994
- Koplenig, Johann: Reden und Aufsätze 1924-1950. Wien 1951
- Kühnl, Reinhard: Faschismustheorien – Texte zur Faschismusdiskussion 2. Reinbek bei Hamburg 1979
- Kühnl, Reinhard: Der Faschismus – Ursachen, Herrschaftsstruktur, Aktualität. Heilbronn 1983
- Kuretsidis-Haider, Claudia/Garscha, Winfried (Hg.): Keine „Abrechnung" – NS-Verbrechen, Justiz und Gesellschaft in Europa nach 1945. Leipzig, Wien 1998
- Lenin, W. I.: Der Imperialismus als höchstes Stadium des Kapitalismus. In: Lenin-Werke, Bd. 22, S. 189-309
- Marx, Karl/Engels, Friedrich: Reden über Polen. In: MEW 4, S. 416-418
- Menasse, Robert: Das Land ohne Eigenschaften. Wien 1992
- Reisberg, Arnold: Februar 1934 – Hintergründe und Folgen. Wien 1974
- Rosner, Jakob: Der Faschismus – Seine Wurzeln, sein Wesen, seine Ziele. Wien 1966
- Sandkühler, Hans-Jörg/Vega, Rafael de la (Hg.): Austromarxismus – Texte zu Ideologie und Klassenkampf. Frankfurt/M., Wien 1970
- Scheuch, Manfred: Der „zweite deutsche Staat". In: Der Standard, Wien, 22./23.5.2004
- Spira, Leopold: 20 Jahre – Wohin geht Österreich? Wien 1965
- Stalin, Josef: Marxismus und nationale Frage. In: Stalin-Werke, Bd. 2, S. 266-333

Weinert, Willi: „Ich möchte, dass sie Euch alle immer nahe bleiben…“ – Biografien kommunistischer WiderstandskämpferInnen in Österreich. Wien 2005, 2. Auflage
- Weiss, John: Der lange Weg zum Holocaust – Die Geschichte der Judenfeindschaft in Deutschland und Österreich. Berlin 1998
- West, Franz: Die Linke im Ständestaat Österreich – Revolutionäre Sozialisten und Kommunisten 1934-1938. Wien 1978
- Wimmer, Ernst: Nation und Nationalität. In: Weg und Ziel, Wien, Sondernummer, Dezember 1979
- Zenker, Helmut: Kassbach. München 1988
- Zenker, Tibor: Stamokap heute – Vom gegenwärtigen Kapitalismus zur sozialistischen Zukunft. Wien 2005
- Zenker, Tibor: Der Imperialismus der EU – Texte zur marxistischen EU-Kritik. Wien 2006
- Zenker, Tibor: Was ist Faschismus? – Aspekte eines marxistischen Theorieansatzes. Wien 2006
- Zenker, Tibor: Austromarxismus, Revisionismus und Opportunismus. In: offen-siv – Zeitschrift für Sozialismus und Frieden, Hannover, Ausgabe 11/2006, S. 30-44
- Zenker, Tibor: Antimonopolistische Demokratie und Sozialismus. In: offen-siv, Hannover, Ausgabe 6/2007, S. 22-32
- Zenker, Tibor: Die kommunistische Bewegung in Österreich. In: offen-siv (Hg.): Niederlagenanalyse – Die Ursachen für den Sieg der Konterrevolution in Europa, Hannover 2007, S. 324-335
- Zetkin, Clara: Der Kampf gegen den Faschismus. In: Protokoll der Konferenz der Erweiterten Exekutive der Kommunistischen Internationale, Moskau, 12.-23. Juni 1923, Hamburg 1923, S. 204-232

Der Autor

Tibor Zenker, geboren 1976 in Wien, Autor und Journalist. Artikel, politische Essays und wissenschaftliche Beiträge u.a. in: „Neue Volksstimme" (Wien), „offen-siv" (Hannover"), „rotcrowd" (Graz), „schulheft" (Innsbruck), „Trotz alledem" (Berlin), „Uhudla" (Wien), „Unitat" (Wien) sowie für das Internet-Nachrichtenportal „kominform.at" (Wien). Buchveröffentlichungen: „Stamokap heute" (2005), „Der Imperialismus der EU" (2006), „Was ist Faschismus?" (2006).

Im Drehbuchverlag erschienen:

Tibor Zenker
Stamokap heute
ISBN 3-902471-10-7

Tibor Zenker
Der Imperialismus der EU
ISBN 3-902471-51-4

Tibor Zenker
Was ist Faschismus?
ISBN 3-902471-50-6

Tibor Zenker
Österreich 1938
ISBN 3-902471-81-6